식탁일기

식탐일기

정세진 지음

디킨스의 **만찬**에서
하루키의 **맥주**까지,
26명의 **명사들**이 사랑한
음식 이야기

피피에

낯선 음식의 즐거움, 낯선 문화의 포만감

　초등학생 시절, 우리 집 서고 한 켠에는 백과사전만한 두께의 요리책이 한 권 있었다. 아마도 일반 가정용이 아닌 전문 조리사용일 것으로 짐작되는 그 책에는 한식, 중식, 일식을 비롯해 양식까지 듣도 보도 못한 생소한 요리들이 가득했다. 한식만 해도 보리수단이며 북한 음식인 노티 같은 것들까지 실려 있었고, 양식은 소스에서 수프, 각종 빵과 케이크 등 무궁무진한 종류가 있었다. 어린 나는 그 신기한 음식들을 구경만 하는 것만으로도 설레고 즐거웠다.

　그때부터 시작이었을까. 입이 짧아 가리는 음식이 많았던 나는 성장해가면서 조금씩 낯선 음식과 식재료들에 대한 마음, 아니 혀의 문을 열기 시작했다. 그리고 어린 시절 먹을 기회가 있었으나 '놓친' 음식들에 대한 아쉬운 마음이 커져갔다. 군인이셨던 아버지 덕에 우리 가족은 내가 태어나기 전부터 전국을 누비는 생활을 했는데 미식가에 음식 솜씨가 좋은 어머니는 각 지역의 명물 음식 레시피를 흡수해 당신의 솜씨로 재탄생시키셨다. 우리 집 식구들은 당시에는 먹지 않고 버리던 전복 내장을 즐겨 먹었으며, 송홧가루처럼 나보다 어린 사람들은 맛보기 힘든 음식들도 접할 수 있었다.

어릴 때는 몰랐던 이런 맛들을, 나는 나중에 커서야 제대로 느낄 수 있었다. 지금은 '가장 좋아하는 음식'이 곧 '못 먹어본 음식'이라고 말할 정도가 됐다. 이런 생각들이 바탕이 되어서 쓰게 된 글이 2003년부터 2006년까지 「주간 한국」에 연재한 '문화 속 음식기행'이라는 칼럼이다. '해리 포터와 마법사의 호박', '피카소와 권지예의 뱀장어 스튜', '서양골동양과자점 속 케이크' 같은 글들을 3년 정도 연재했다.

돌이켜보면 그땐 깊이 있는 글을 쓰기엔 나이도 어렸고, 자료도 마땅치 않았던 데다가 마감에 쫓겨 '날림'으로 대충 끼워 맞춘 글이 나오기도 했다. 그러다가 2015년 '브런치'를 만났다. 음식과 문화가 함께 어우러진 '식탐일기'는 문화 속 음식 이야기에서 한 발 더 나아가 문화, 예술, 학문, 정치 등 다양한 분야에서 활약한 명사들의 사생활을 음식을 통해 들여다본다는 콘셉트였다.

처음에 구상했던 글은 '발자크' 꼭지처럼, 심리학적인 접근을 담은 글이었다. 그러나 구강기 애착의 결과로 식탐을 갖게 된 사람들은 생각보다 많았고, 또 그들의 식성이 꼭 가족 내 역동이나 유년기의 트라우마 때문에 형성된 것도 아니었다. 한 사람의 식성을 설명하려면 가족적 배경 외에도 타고난 기질이나 시대, 그가 속해 있던 사회의 문화 등 상당히 다양한 요인들을 고려해야 했다.

결국 나는 심리학적 접근에 대한 집착을 일단 내려놓고 음식과 문화를 중심으로 다채로운 이야기들을 담아내기로 했다. 그리고 자료를 찾는 동안 전에는 알지 못했던, 천재로 불리는 사람들의 색다른 면모를 볼수 있었다. 찰리 채플린은 '천재는 괴짜'라는 속설에 맞게 다소 해괴한 식성을 갖고 있다. 반면 조국 베트남과 인민을 사랑한 호치민처럼 한 끼 3가지 반찬의 소박한 식사로 만족하던 명사들도 있다.

이 책의 또 다른 주인공은 명사들이 사랑했던 음식이다. '녹색의 요정'으로 불리던 마성의 술 압생트나 아랍에서 전래돼 기독교로 '개종'한 커피, 옛 우리 조상들의 고픈 배를 채우고 망국의 한조차 잊게 한 메밀 등은 사람과 함께하면서 때로는 한 사회 전체를 변화시키는 동력이 되기도 했다. 앞으로도 음식은 보다 다채로운 인류의 역사를 써 나가는데 조력자로서의 역할을 하게 될 것이라고 나는 믿는다.

생애 첫 번째 책을 내는 지금에 오기까지, 여러모로 부족한 점이 많은 초짜 작가를 잘 다독여주고 조언을 아끼지 않았던 파피에출판사 대표님과 편집장님께 우선 감사를 드린다. 나의 소중한 가족들과 친구들, 먼 곳에서 나를 지켜보고 계실 아버지, 그리고 앞으로 만나게 될 모든 이들이 따뜻한 밥 한 그릇을 먹듯, 이 책에서 즐거움과 힐링을 얻어가기 바란다.

2017년 2월
정세진

차례

1. 화려한 왕비의 쓸쓸한 산해진미

_ 카트린 드 메디치가 프랑스 음식 문화에 끼친 영향

영화 「광해」에서 얼떨결에 임금 노릇을 하게 된 주인공 하선은 12첩 수라가 1인분(!)이라고 착각해 죄다 먹어 치운다. 나중에야 그는 궁녀들이 왕이 남긴 음식으로 식사를 한다는 사실을 알게 되고, 그 후로 자신은 팥죽 한 그릇으로 끼니를 때우고 나머지는 궁녀들을 위해 양보하기 시작한다. 보통 사람이라면 반도 못 먹을 양의 수라를 끼니마다 차려내는 것은 왕의 권위를 나타내기 위한 일이기도 했다. 그러니 죄다 먹어 치우지도, 먹다 남은 음식을 주지도 않고 오롯이 아랫사람을 위해 양보하는 왕의 모습은 낯설고도 기이했을 것이다. 이런 측은지심에 감복해 궁녀 사월은 목숨을 버려가며 그를 지켰으며 허균과 호위무사 역시 하선을 진정한 왕으로 대접한다.

문화권을 막론하고 높은 지위에 있는 제왕이나 귀족들은 자신이 평범한 백성과 다르다는 것을 증명하기 위해 애썼다. 안데르센의 동화

「벌거벗은 임금님」처럼 화려한 옷에 탐닉하기도 하고, 중세 아랍의 술탄처럼 수많은 미녀를 거느리기도 했다. 귀한 산해진미를 마음껏 먹는 것 역시 자기과시의 일종이었다.

고대 신라의 태종무열왕(김춘추)만 해도 하루 식사로 쌀 6말(108리터), 꿩 10마리, 술 6말을 먹어치웠다고 한다. 이 엄청난 양을 실제로 먹었는지는 알 수 없지만, 인류의 역사에서 대식 또는 미식은 분명 권력과 어느 정도의 상관관계가 있어 보인다.

그것이 음식이 되었든, 아니면 값비싼 옷이나 장신구가 되었든 과시를 하려면 구경해줄 사람이 있어야 할 것이다. 가령 조선시대 왕이 먹고 남은 수랏상은 궁녀들에게 돌아갔다. 근세 이후 유럽에서도 왕이 먼저 음식을 먹고 귀족들에게 남은 것을 하사했다는 이야기도 있다. 절대주의 프랑스 궁정에서는 백성들이 돈을 내고 왕의 만찬을 구경하는 관습도 있었다. 그중에서도 '태양왕'이라는 별명을 가진 루이 14세의 식욕은 유명하다.

그는 한 끼 식사에 네 접시의 수프와 꿩 한 마리, 산처럼 쌓인 샐러드 한 접시, 아일랜드풍 스튜 한 접시, 햄 일곱 줄, 자고새 한 마리, 설탕에 절인 과일과 과자, 삶은 달걀 등을 먹었다고 역사는 기록하고 있다. 하루 동안에 닭 50마리와 포도주 20리터를 먹었다는 기록도 있다. 식탐도 유전이 되는 것인지 뒤를 이은 루이 15세와 루이 16세 역시 대식가였다. 특히 루이 16세는 마리 앙투아네트와의 결혼식날 저녁 '숨도 쉬지 못할 만큼' 많은 음식을 먹었고, 프랑스대혁명 후 사형선고를 받고 나서 자신의 독방으로 돌아와서는 닭고기와 커틀릿, 베이컨, 달걀 등을 욕심껏 먹었다고 한다.

중세시대만 하더라도 탐식은 기독교의 7대 범죄 중 하나로 꼽힐 만큼 금기시되는 일이었다. 교황 그레고리우스 1세는 식사 시간 이외에 음식을 먹는 것과 필요 이상으로 너무 많이 먹거나 마시는 것, 게걸스럽게 먹는 것, 사치스러운 고급 음식을 탐하는 것 등을 모두 탐식으로 정의했다. 또 중세 신학자들은 탐식이 곧 성욕으로 이어질 수 있다고 생각했으며, 육류나 향신료가 몸과 마음을 흥분시킨다고 보았다. 하지만 정작 탐식을 죄악이라고 한 성직자들 자신은 농민들이 굶주림에 시달리는데도 비싸고 좋은 음식을 찾았으며 과식으로 몸이 비대해지는 일이 다반사였다.

중세 유럽 성직자들의 이런 위선은 종종 풍자의 대상이 되곤 한다. 조지 오웰의 소설 『동물농장』(1945)에서 혁명을 일으켜 인간들을 몰아냈으나, 결국은 다른 동물들을 지배하고 억압하는 존재는 바로 돼지이다. 오늘날에도 대부분의 문화권에서 돼지라는 단어는 욕으로 사용된다. '게걸스럽게' 음식을 탐하는 돼지는 늘 식량이 부족했던 농민들에게 있어 자신들의 고혈을 빠는 권력자와 비슷한 이미지였을 것이다.

서양음식의 역사에서 대식과 미식을 구별 짓고, '많이 먹는 문화' 대신 '우아하게 먹는 문화'를 태어나게 한 주인공은 16세기 이탈리아 명문가 출신의 한 여인, 프랑스 발루아 왕조시대 앙리 2세의 왕비인 카트린드 메디치(Catherine de Medicis, 1519~1589)였다. 13살의 나이로 이탈리아에서 프랑스로 시집 온 그녀는 자신의 결혼식 날, 당시로서는 파격적이었던 하이힐을 신을 정도로 멋과 유행에 민감했다. 카트린은 포크 사용법도 몰랐던 프랑스인들에게 이탈리아의 음식 문화를 전파했으며, 발레를 들여오고 최초의 향수 판매점을 열기도 한다.

중세시대 귀족들의 식사 모습. 포크나 나이프 같은 식기는 보이지 않는다.

카트린 드 메디치와 앙리 2세의 결혼식 장면. 신부인 카트린은 신랑 앙리 2세와 비슷할 정도의 큰 키로 묘사됐다.

그녀가 살았던 16세기 프랑스인들에게는 손가락이 곧 포크였다. 그러나 이탈리아에서는 이미 11세기 말 베네치아에서 최초의 포크가 등장한다. 스페인 사람들도 1525년 무렵부터 포크를 사용한 것으로 추정된다. 식사 도중 청결을 유지하기 위해 왕과 귀족들은 그릇에 담아 내온 물로 손을 씻었다. 이 손 씻는 물이 바로 서양식 파티나 만찬에 나오는 '핑거볼'의 유래이다.

카트린 드 메디치는 각종 과자와 와인, 그밖에 사치스러운 요리들을 프랑스에 전했다. 르네상스 시대 당시 이탈리아는 유럽 최고의 선진 문화를 누리던 지역이었다. 음식에 있어서도 자부심이 강해 오늘날에도 이탈리아 사람들은, "세상에는 이탈리아 요리와 다른 나라 '식량'이 있다."고 말할 정도다. 여기에 신대륙에서 가져온 갖가지 값비싼 향신료는 귀족들의 식생활을 더욱 풍성하고 호화롭게 만들었다.

프랑스 문화의 상징과도 같은 와인 역시 그 원조는 이탈리아에서 찾아볼 수 있다. 로마 교황청에서는 미사 집전을 위해 와인이 반드시 필요했던 만큼 중세부터 자연스럽게 와인 제조법이 발달해왔을 것이다. 우리가 삼국시대에 일본에 문화를 전파했듯, 이탈리아의 식문화는 카트린 드 메디치를 통해 문화 불모지였던 프랑스로 이식됐다. 그런데 현대에 와서 미식의 나라라는 타이틀과 와인 종주국의 지위는 프랑스가 차지하고 있으니 이탈리아 사람들로서는 좀 억울할 것이다.

카트린 드 메디치가 전파한 음식 가운데 가장 인기를 끌었던 것은 그녀의 결혼식 피로연에서 대접한 서벗으로, 오늘날에도 고급 프랑스 레스토랑에 가면 식사 중간의 입가심으로 서벗이 나온다. 또한 어린 시절 수녀원에서 배운 콩피즈리(confiserie, 사탕과 캐러멜, 누가 같은 캔디류) 만드는 법도 선보였다. 아몬드 크림이 들어간 타르트나 머랭을 사용한 마카롱도 그녀가 들여온 것이다. 프랑스 왕실은 이전에 맛보지 못했던 귀하고 달콤한 과자 맛에 금방 빠져들었다.

카트린 드 메디치가 좋아했던 음식은 수탉의 볏과 신장, 아티초크의 심 등이었다고 한다. 정력에 좋다는 속설이 있는 닭벼슬은 마치 젤리처럼 쫀득한 질감에 개구리 다리와 비슷한 맛이라고 서양의 미식가들은 말한다. 닭벼슬을 요리할 때는 향미 채소를 넣고 푹 삶아 먹는 것이 일반적이며 이탈리아 피아몬테 지방에는 200년 역사를 자랑하는 닭벼슬 스튜인 피난지에라는 요리가 유명하다.

아티초크는 엉겅퀴과 다년초의 꽃봉오리이며, 삶아서 잎을 한 장씩 떼어 도톰한 아랫부분을 먹는다. 심 부분은 그대로 먹거나 각종 요리에

수확을 마친 로만 아티초크 다발. 봄철 유럽의 재래시장에 가면 흔히 볼 수 있다.

쓰이고 올리브오일에 담가 병조림으로도 판다. 부드럽고 담백한 식감, 껍질 때문에 크기에 비해 먹을 수 있는 양이 적다는 점 등은 여러모로 우리가 잘 아는 봄철 별미인 죽순을 닮았다. 왕비가 즐긴 섬세한 맛의 아티초크는 곧 프랑스인들의 마음을 사로잡았고 요즘도 고급 식재료로 사용된다.

화려해 보이는 겉모습과 달리 카트린 드 메디치의 삶은 고독했다. 그녀가 1519년 출생한 지 2주 만에 프랑스 왕녀이기도 했던 어머니 오베르뉴가 사망했으며, 아버지 로렌초 데 메디치 역시 불과 1주일 만에 아내의 뒤를 따랐다. 메디치 가를 이을 마지막 혈통이었던 그녀가 고아가 되자 증조할아버지인 교황 레오 10세는 어린 카트린을 로마로 데려와 기른다.

레오 10세가 죽고 나서 다시 피렌체로 돌아온 카트린은 삼촌인 교황 클레멘스 7세의 실정 때문에 피렌체에 폭동이 일어나자, 베네딕트 수녀원에 몸을 의탁하는 등 어려운 시절을 보내기도 했다. 이후 권력을 회복한 클레멘스 7세는 1533년 에스파냐의 카를로스 5세를 견제하기 위해 어린 카트린을 프랑스 왕 프랑수아 1세의 차남인 오를레앙의 앙리(앙리 2세)와 결혼시켰다.

하지만 그녀의 남편이 된 앙리 2세는 결혼한 지 얼마 지나지 않아 19살이나 연상인 디안 드 푸아티에 후작부인과 사랑에 빠진다. 여기에 카트린을 총애하던 시아버지 프랑수아 1세가 사망하자 그녀는 프랑스 국민들로부터 "이탈리아 장사꾼 딸내미" 등의 모욕을 받았으며 아울러 푸아티에 후작부인이 주는 수모를 견뎌야 했다.

그러나 앙리 2세가 마상시합 도중에 죽고 카트린이 아들인 프랑수아 2세를 섭정하면서부터 상황은 역전됐다. 발루아 왕조의 왕권이 기즈 가문에 의해 흔들리자 카트린은 이 같은 상황을 타개하기 위해 신교도와 구교도의 갈등을 이용한다. 1560년에 있었던 앙부아즈 폭동 때 카트린은 위그노(신교도)들에 대한 대대적인 살육을 감행했다. 또 장남인 프랑수아 2세가 죽고 신교도에게 호의적인 차남 샤를 9세가 집권하자 그녀는 신교도를 몰살할 계획을 세우는데 그것이 유명한 성 바르톨로메오 축일의 대학살이다.

이런 사건들을 계기로 카트린 드 메디치는 특히 신교도들에게 역사에 길이 남을 '희대의 악녀'로 불리게 되지만, 한편으로 자신의 딸 마고와 위그노인 앙리 나바르(앙리 4세)를 혼인시켜 신교와 구교의 화합을 꾀하기도 했다. 이를 두고 역사학자들은 카트린 메디치가 왕족 신분이 아닌 상인 집안의 딸이었기 때문에 가톨릭 신앙에 대한 명분보다는 왕권을 지킨다는 실리를 우선했을 것이라고 분석한다. 실제로 그녀는 가톨릭파인 기즈 가를 견제하기 위해 신교 지원 정책을 펴기도 했다.

한편 형인 샤를 9세의 뒤를 이어 집권한 삼남 앙리 3세는 좀처럼 어머

성 바르톨로메오 축일의 대학살. 시체들이 즐비한 가운데 검은 옷을 입은 카트린 왕비가 냉담한 표정으로 주위를 둘러보고 있다.

니 카트린의 뜻에 따라주지 않는 아들이었다. 그는 기즈 공작을 암살하고 어머니의 조력자들을 해고했으며, 결국 황태후인 카트린을 정치에서 배제하기 시작했다. 그러나 가톨릭 세력의 구심점이었던 기즈 공작의 사망으로 앙리 3세는 지지 기반을 잃게 된다. 후일 그는 나바르의 앙리와 친하게 지내며 위그노에게 관대한 정책을 폈으나 후손 없이 세상을 떠나 발루아 왕조는 대가 끊기게 된다.

이자벨 아자니 주연의 「여왕 마고」(1994) 같은 영화에서 카트린 드 메디치는 권력욕에 사로잡힌 비정한 여인으로 묘사된다. 그러나 젊은 시절에는 정부에게 밀려 남편의 사랑을 받지 못했고, 세 아들들이 권력투쟁 속에 단명하고 만 그녀의 일생은 알고 보면 불행의 연속이었다고 할 수 있다. 카트린 왕비는 쇠퇴해가는 발루아 왕조를 지키기 위해 몸을 바

말년의 카트린 드 메디치. 그녀는 항상 검은 옷과 베일을 착용하고 다녀서 '검은 베일 속 백합' 이라는 별명을 얻었다.

쳤으나 궁중에서나 백성들에게나 외면당하며 살아야 했다.

　카트린 드 메디치가 궁중 문화와 세련된 음식에 탐닉한 것은 한 여인으로서의 평범한 행복을 누리지 못한 것에 대한 대리만족이었는지도 모른다. 아티초크와 닭벼슬, 마카롱 등 온갖 산해진미가 차려진 그녀의 식탁은 아마도 겉보기에는 화려하지만 고독했을 것이다. 카트린 왕비의 곁에 진수성찬을 함께 나눠먹을 누군가가 있었다면 그녀의 삶은 조금 달라지지 않았을까.

2. 조선 선비의 못 말리는 술 사랑
_ 송강 정철과 자연의 운치를 담아낸 전통주의 세계

밤 이경에 급보가 평양으로부터 왔다. 임금께서 여러 대신을 빈
청으로 불러 회의하였는데 영중추부사 정철은 술에 취해 오지
않았다.

_『선조실록』, 1592년 7월 25일

1592년 7월 25일은 임진왜란이 발발해 왕과 관료들이 의주로 피난해
있을 시기였다. 아군이 평양성에서 패전했다는 급보를 들고 왕이 긴급
회의를 소집했는데 요즘으로 치면 총리급인 정1품 영중추부사가 술 퍼
마시느라 회의에 불참했다는 이야기다. 어린 학생들을 포함해 수백 명
의 국민을 실은 배가 침몰하는데 대통령이 7시간이나 행방이 묘연했다
는 것과 맞먹는 스캔들이 아닐 수 없다.

국문학사에서는 가사문학의 대가로 불리지만, 정치인으로서는 그 평

가가 엇갈리며, 대한민국 수험생들의 '공공의 적'이기도 한 송강 정철에게는 이처럼 술에 얽힌 에피소드가 많다. 정철과 동시대를 살았던 오성 이항복은 "송강이 반쯤 취해서 즐겁게 손뼉을 마주치며 이야기 나눌 때 보면 마치 하늘나라 사람인 듯하지."라고 평가한 바 있다. 이 묘사에 따르면 정철은 술을 즐기는 풍류랑의 이미지였던 것 같다.

1536년 연일 정씨 가문에서 태어난 정철은 인종의 후궁인 큰누이와 성종의 삼남 계성군의 양자 계림군에게 시집간 작은누이 덕분에 어린 시절부터 자유롭게 궁궐을 드나들었다고 한다. 그때 정철은 동갑이었던 경원대군(후일의 명종)과 친분을 쌓았다. 을사사화에 연루됐던 부친 정유침의 유배가 1551년 풀리자 정철 일가는 전라남도 담양의 창평으로 이주했다. 이곳에서 그는 임억령에게 시를 배우고, 김인후와 송순, 기대승 등 명망 높은 학자들을 스승으로 모시며 학문을 배웠다. 이이, 성혼, 송익필 등과의 인연도 이때 시작됐다.

명종 17년인 1562년, 27살의 나이로 장원급제한 정철은 1580년 무렵 강원도 관찰사로 발령을 받는다. 지방관으로 일하며 강원도의 경치에 매료된 그는 그 유명한 「관동별곡」과 「훈민가」를 지었다. 가사문학에서 그가 빛을 발하기 시작한 순간이 이때부터다. 탄핵을 받아 창평에 은거할 때도 「사미인곡」, 「속미인곡」, 「성산별곡」 등을 지었으며 그 외에도 시조 107수, 시문집인 『송강집』과 시가집 『송강가사』를 남겼다.

반면 정치인으로서 그의 삶은 부침을 거듭하는 것이었다. 그는 훈신 정치 청산에 적극적이었으며 사림의 시대에 맞는 정치를 확립하는 데 공을 세운 인물이다. '격탁양청(激濁揚淸, 탁한 것을 몰아내고 맑은 것을 끌어들인다)'이라는 말로 투명한 정치의 중요성을 강조한 서인의 영수로 활약하기도 했다. 그러나 선조 치세 때 동인과 대립하는 동안 여러 차례 탄핵을 당했으며, 임진왜란 1년 전인 1591년 광해군의 세자 책봉을 건의했다가 유배당하는 등 파직과 복직의 파란만장한 공직생활을 반복한다. 앞서 1589년에는 정여립의 난으로 인한 기축옥사를 주도하며 동인 세력을 사실상 싹쓸이해 동인들 사이에서 그야말로 '악의 축'으로 불렸다.

정철의 인생이 내리막길을 걷게 된 것은 그를 믿고 신뢰했던 선조가 등을 돌리면서부터이다. 선조는 남명 조식의 제자이며 정여립의 난 당시 누명을 쓰고 죽은 최영경을 신원하는 과정에서 그가 정철의 사주로 죽었다며 비난했다. 정여립의 난을 배후에서 지시한 것으로 알려진 선조가 동인 숙청의 죄를 정철에게 뒤집어씌운 것으로, 말하자면 지나치게 커진 동인 세력을 정철을 앞세워 제거한 후 그를 토사구팽시킨 셈이었다. 「사미인곡」, 「속미인곡」 등의 작품을 통해 "이 몸 생겨날 때 임을 따라 생겨났으니 / 한평생의 연분임을 하늘이 모를 일이던가."라며 선조에 대한 지극한 충심을 숨기지 않았던 정철로서는 말 그대로 억울한 일이었을 것이다. 『선조실록』에서는 정철에 대해 "성품이 편협하고 말이 망령되고, 행동이 경망하고 농담과 해학을 좋아했기 때문에 원망을 자초했다."고 기록하고 있다.

사실 정철이 자주 탄핵을 당했던 또 다른 이유는 술이었다. 실록에 따르면 정철은 "술주정 심하고 행실이 그릇되다."는 이유로 수차례 파직되었으나 선조의 신임이 두터웠던 탓에 재임용되기를 반복한다. 선조가 그의 술주정을 우려해 작은 은잔을 하사하며 하루에 석 잔만 마실 것을 명했으나, 이를 펴서 커다란 주발로 만들어 독한 술을 마음껏 마셨다는 일화는 유명하다.

지금도 명작으로 전해 내려오는 그의 가사 작품들은 대부분 술기운에서 영감을 얻었다고 하니 정철에게 술은 평생 함께한 친구 같았을 것이다. 그의 작품 「장진주사」를 보면 술과 함께 풍류를 즐겼던 송강의 인간적인 면모를 엿볼 수 있다.

한 잔 먹세그려

또 한 잔 먹세그려

꽃 꺾어 세어가며 무진무진 먹세그려

이 몸 죽은 후면 지게 위에 거적 덮여 줄에 매어 가나

호화로운 관 앞에 만 사람이 울어예나

어욱새 속새 떡갈나무 백양 속에

가기만 하면

누런 해 흰 달 가는 비 굵은 눈

소소리 바람 불 때

누가 한 잔 먹자 할꼬

하물며 무덤 위에 원숭이 휘파람 불 때야

뉘우친들 어떠리

정철의 이 시를 요즘 식으로 풀이한다면 "노세 노세 젊어서 노세" 정도의 메시지로 풀이할 수 있지 않을까. 어쩌면 그는 관직에 있는 것보다는 자연과 벗하는 시인으로 살아가는 쪽이 행복했을지도 모른다. "이 몸 죽은 후면 지게 위에 거적 덮여 줄에 매어 가나 / 호화로운 관 앞에

조선시대의 술자리 풍경. 양반들의 술자리에는 흥을 돋울 악기와 기생들이 함께했다.

만 사람이 울어예나."라는 구절을 보면 정철 자신도 손에 쥔 권력이 결국은 무상하다는 것을 알고 있었으며, 시를 통해 이런 심경을 표현한 것으로 추측된다.

송강 정철이 생전에 즐겨 마셨다는 술은 어떤 종류였을까. 정확히는 알 길이 없으나 그는 고위 관료였으니 서민들이 마시는 막걸리보다는 약주나 소주를 마셨을 가능성이 크다.

전통술의 범위는 생각보다 다양하다. 고려시대 말에는 소주가 원나라에서 전래됐으며, 당시에는 포도주와 중양국주(重陽菊酒, 중양절에 마시는 국화술)가 인기였다고 한다. 단옷날에 창포주를 즐겼다는 기록도 있다. 전통주들의 면면을 보면 우리 조상들은 술을 마실 때 운치를 상당히 중시했음을 알 수 있다. 당시 풍류객들은 대나무순을 땅에 묻어 익힌 송순주, 연꽃잎으로 향을 낸 하엽청주, 소나무 꽃가루로 만든 송화주, 복숭아꽃을 재료로 한 도화주 등을 나들이나 연회 때 즐겨 마셨다고 한다. 그밖에 문배나무 열매 향이 난다는 문배주는 알코올 도수가 48% 정도나 되는 독주로, 강렬하고도 과일의 풍미가 살아 있는 맛을 낸다. 재미있는 것은 이 술에 문배나무 열매가 전혀 들어가지 않았다는 사실이다.

약으로도 쓰였다는 면천 두견주는 진달래꽃으로 만든다. 이 술은 만드는 방법이 꽤 까다롭다. 진달래꽃의 수술에는 독성이 있다 보니 수만 송이에 이르는 꽃의 수술을 일일이 제거해야 하기 때문이다. 두견주는 숙종 시절 실학자인 홍만선이 쓴 농업과 일상에 대한 백과사전 『산림경제』에 소개돼 있다. 그 외에도 순조 때 서유구가 저술한 농업전서 『임원십육지』와 1809년에 빙허각 이씨가 가정살림에 대해 지은 『규합총서』에도 등장한다.

『규합총서』 '주방문(酒方文)'에는 멥쌀가루를 되게 익반죽해 누룩가루, 밀가루와 함께 밑술을 만들고 그 후에 멥쌀밥, 찹쌀밥 등 술밥의 정교한 과정을 거쳐 찰밥, 멥밥, 두견화를 담는 순서가 기록돼 있다. 두견주를 예찬하는 이들은 이 술을 백 가지 약보다 낫다는 의미의 '백약지장(百藥之長)'이라는 별명으로 부른다.

싱싱한 소나무 가지의 마디와 솔잎 등을 이용해 만든 송절주는 조선 선조 대의 충정공 이정란의 집안에서 만들어졌다고 하니 정철도 이 술을 마셔 보았을지 모른다. 송절주는 지하수를 이용해 소나무 마디를 끓인 다음 식혀서 사용하며, 멥쌀과 찹쌀, 밀로 만든 누룩을 기본으로 만

신윤복의 「주사거배」. 조선 후기 주막의 풍경이 생생하다.

든다. 때에 따라 당귀나 진달래꽃, 국화, 유자껍질 등을 넣어 향을 가한다. 이 술은 치아가 흔들리는 풍치와 담, 신경통 등에 약용으로 마셨다고 한다.

한산 소곡주는 한 선비가 과거 보러 한양으로 가다가 주막에서 이 술을 마시고 흥이 돋아 달구경을 하다 과거 날짜를 놓쳐 버렸다 해서 '앉은뱅이 술' 이라는 별명이 붙어 있다. 소곡주의 맛을 내는 재료로는 날콩과 엿기름, 생강, 들국화, 고추 등이 들어간다. 엿기름은 단맛을 내기 위해, 날콩은 술이 시어지지 않도록 하기 위해 넣었다.

안동 지방에서 지금까지 전해져 내려오는 안동소주는 밀로 만든 누룩과 멥쌀을 주원료로 만들며 특별히 향을 내는 재료는 들어가지 않는다. 무색에 향긋한 향이 나며, 당연한 이야기지만 희석식 소주와는 풍미가 매우 달라 오히려 보드카 같은 양주를 마시는 느낌이다. 알코올 도수가 45%로 독주에 속한다.

자연에서 얻은 온갖 재료로 빚어낸 전통주의 세계는 이처럼 무궁무진하다. 그러나 구한말 을사늑약이 체결된 후 우리 전통주는 수난을 겪는다. 일제는 1905년부터 4년간 주류실태 조사를 실시한 후 1909년 2월 주세법을 실시했다. 이 법에 따르면 술을 만드는 사람은 허가를 받아야만 양조를 할 수 있었다. 양조장도 일정 규모를 넘어야 술을 만들 수 있었고, 일반 가정에서 제례용으로 만드는 가양주 양조도 금지했다.

일제는 1916년 주세법을 주세령으로 변경했으며, 양조업에 무거운 세금을 물렸다. 주류실태조사 당시 30만이 넘었던 양조 면허의 수는 1929년 265개, 1934년에는 단 한 곳으로 줄어든다. 결국 각 집안의 전통 비법으로 제조되던 다양한 가양주는 명맥이 끊기고 말았으며 술은 대량 생산 공장에서 친일파들에 의해 만들어졌다.

일제에 의해 정해진 주세법은 해방 후에도 영향을 끼쳐, 가양주 양조는 여전히 금지됐고, 놀랍게도 불과 20여 년 전인 1995년에야 사라졌다. 그리고 그 결과 오늘날 우리 국민들은 싱겁다는 혹평을 받는 엉터리 맥주와 싸구려 재료로 만든 희석식 소주를 주로 마시게 된 것이다. 한 잔 술에도 풍류와 운치를 담을 줄 알았던 조상들이 이런 모습을 보면 어떻게 생각하실까.

3. 음악의 아버지, '이슬람의 음료'를 찬양하다

_ 종교음악의 대가 바흐가 사랑한 커피, 그리고 「커피 칸타타」

지휘자 정명훈이 CM송을 작곡한다면 클래식 음악계에서는 어떤 반응을 보일까. 예전만큼 대중음악이나 상업음악에 대해 천시하는 분위기는 아니라고 하지만, 아마도 평범한 일로 받아들이지는 않을 것이다. 그러나 클래식 음악의 본고장이라 할 수 있는 유럽에서 순수음악 또는 종교음악과 대중음악 사이의 경계는 뚜렷하지 않았다. 더구나 바로크 시대 음악인들은 왕실이나 귀족의 후원을 받으며 활동하는 일이 많았으니, 오늘날보다 상업적인 색채가 더 강했을지도 모르는 일이다.

'음악의 아버지'라고 불리며 클래식 음악사에서 최고의 거장으로 평가받는 요한 제바스티안 바흐 역시 순수음악과 대중음악을 자유롭게 넘나들면서 다양한 곡들을 써왔다. 특히 그는 루터교의 성인으로 불리며 수많은 교회 칸타타를 작곡했으나, 동시에 오늘날 CM송에 해당하는 세속 칸타타 분야에서도 적지 않은 업적을 남겼다. 그 대표작이 커피 브랜드의 이름으로 쓰이기도 한 「커피 칸타타」이다.

이런 바흐의 행보는 클래식 음악의 '성골'이라고 불릴 만한 그의 집안 배경을 생각하면 더욱 흥미롭다. 바흐 가문은 초창기부터 수많은 작곡가들을 배출했는데, 제바스티안의 큰할아버지인 하인리히 바흐와 그 아들들인 요한 크리스토프 바흐, 요한 미하엘 바흐는 특히 뛰어난 업적을 남긴 음악가들이었다. 심지어 중부 독일 튀링겐 지방에서는 '바흐'라는 단어가 '거리의 악사'를 가리키는 말로 쓰일 정도였다고 한다. 바흐 가문은 루터교 정통파로서 신앙심이 두터우며 음악에 대단한 긍지를 가진 명문가로 오늘날까지 칭송받고 있다. 이런 집안에서 태어난 요한 제바스티안 바흐는 어린 시절부터 음악 교육을 받았으며 종교적 측면에서도 많은 소양을 쌓았다.

그러나 정작 음악가로 첫발을 내디딘 순간, 그의 가치관은 엄격한 교회와 충돌을 일으키기 시작했다. 1703년 그는 아른슈타트의 성 보니파체 교회의 오르가니스트로 채용됐으나 성가대원들의 실력이 만족스럽지 못하다는 등의 이유로 이들과 몸싸움을 벌이는 등 잦은 마찰을 일으켰다. 그러던 중 바흐는 당시의 대작곡가인 디트리히 북스테후데의 연주를 듣기 위해 휴가를 떠났다가 그곳에 넉 달이나 머물게 된다. 북스테후데의 영향을 받아 그는 오르간 연주곡인 「토카타와 푸가」를 작곡했으며 북스테후데 역시 바흐의 재능을 높이 사 뤼베크 교회의 오르가니스트 자리를 물려주려 했다. 그러나 북스테후데의 딸 마르가리타와 결혼해야 한다는 조건이 붙었기 때문에 바흐는 거절하고 아른슈타트로 돌아온다.

복귀한 후에도 교회와의 갈등을 풀지 못했던 그는 1707년 중부 독일

음악가 집안에서 태어나 종교음악은 물론 세속음악에도 영향을 미친 '음악의 아버지' 바흐.

의 뮐하우젠으로 이주했다. 이곳에서 바흐는 육촌 누이이기도 한 마리아 바르바라와 결혼했으며, 다시 한 번 종교음악에 대한 열정을 회복한다. 그의 칸타타 71번, 131번, 161번 등 초기 명작들은 이때 완성됐다. 그러나 루터파 정통주의가 지배하고 있던 뮐하우젠의 경건주의는 바흐를 숨 막히게 했다. 결국 그는 작센바이마르 공의 초청을 받아 궁정 예배당의 오르가니스트로 취업, 오르간 연주자이자 작곡가로 명성을 날리기 시작했다.

이후 궁정악단의 콘서트마스터가 된 바흐는 매달 한 곡씩 새로운 칸타타를 작곡하는 일을 맡게 됐으며 「울며 탄식하고 근심하며」, 「사냥 칸타타」 등을 썼다. 당시 바이마르의 궁정은 음악에 있어 선진국이었던 이탈리아의 협주곡, 오페라 등을 받아들였고 바흐는 비발디 등의 기악 협주곡을 연구, 자신의 음악에 반영시키기도 했다. 1718년 쾨텐 궁정악장으로 취임한 후에는 「브란덴부르크 협주곡」, 「무반주 바이올린을 위한 소나타와 파르티타」, 「무반주 첼로 모음곡」 등 기악곡들이 작곡됐다. 바흐는 자신의 아이들과 제자들을 위해 「평균율 클라비어 곡집」 제1권, 「인벤션」 등을 썼는데 이들 곡들은 지금도 피아노 전공자들의 필수 교재로 꼽힌다.

쾨텐에서의 안정적이었던 생활을 정리한 바흐는 1723년 라이프치히 교회의 칸토르로 가게 된다. 그러나 라이프치히에서의 처우는 좋지 않았으며 악단과 합창단의 환경 또한 열악했다. 바흐는 시 당국과 교회 책임자들과의 마찰이 잦아지자 교회음악에 점점 흥미를 잃었다. 「마태 수난곡」, 「B단조 미사」, 「크리스마스 오라토리오」, 160여 곡의 교회 칸타타 등 그가 작곡한 종교음악의 정점으로 불리는 작품들은 라이프치히 시절 초기에 국한돼 있다. 비록 빈도는 줄어들었으나 노년이 되어서도 명곡들을 남긴 그가 1750년 세상을 떠나자, 후세 사람들은 이 해를 '바로크 음악이 죽은 해'라고 칭했다. 그의 대위법과 합창법 기법을 비롯한 독창적인 음악 세계는 하이든과 모차르트, 베토벤 등 이름만 들어도 알 만한 작곡가들에게 적지 않은 영향을 미쳤다. '음악의 아버지'라는 별명은 바로 이 때문에 붙은 것이다.

바흐의 생애를 보면 그는 상당히 고집이 세고 자기 주관이 뚜렷한 사람이었던 듯하다. 독실한 신앙인이었지만 종교의 이름을 빌린 구속에는 거침없이 저항할 정도로 다혈질적인 면이 있었다. 하지만 사생활 측면에서 본 그의 모습은 고집불통 완벽주의자와는 다소 거리가 있어 보인다. 180센티미터에 가까운 건장한 체격을 가졌던 바흐는 뜻밖에 음주가무를 즐기는 한량 기질이 있었다고 한다. 지인들과의 파티 자리에서 그는 즉흥곡을 연주하면서 흥을 돋우는 역할을 했다. 또한 바흐는 미식을 즐기는 왕성한 식욕의 소유자이기도 했다.

바흐가 살던 18세기 독일은 이탈리아와 프랑스, 오스트리아 등의 영향을 받아 그들만의 음식 문화가 형성된 시기였다. 독일 영토는 산이 많고 척박한 지역이다 보니 곡식이나 고기가 부족했으며 해산물도 그리 많지 않았다. 그러다보니 주변국들에 비해 음식 문화가 빨리 꽃피지 못했다. 이들은 주로 사냥을 통해 음식을 얻었는데 가장 흔히 먹던 고기가 돼지고기였다. 여기에 춥고 거친 땅에서도 잘 자라는 감자와 밀 등을 주식으로 삼았다. 지금도 독일 음식에는 감자와 돼지고기가 거의 빠지지 않다보니 혹자는 '신대륙에서 감자가 전래되기 전까지 이 사람들은 도대체 뭘 먹고 살았을지 궁금하다'고 말하기도 한다.

　프랑스나 이탈리아 요리처럼 섬세한 기교가 독일 요리에는 상대적으로 적은 편이다. 한국에 가장 잘 알려진 독일 음식인 슈바이네학센은 돼지 다리를 통째로 튀기듯 구워낸 투박한 요리다. 독일식 김치로 불리는 사우어크라우트 역시 양배추를 소금에 푹 절여 발효시키는 단순한 레시피다. 대신에 독일을 대표하는 소시지는 수백 가지 종류를 자랑하며 유럽 최고의 품질을 가진 것으로 평가받고 있다. 또한 독일은 맥주 종주국의 명성에 걸맞게 다양한 맛과 풍미의 맥주를 즐길 수 있는 곳이기도 하다.

　독일 특유의 음식 문화가 정착되던 시기, 상류층을 중심으로 빠르게 퍼져나간 음료가 있었다. 바로 커피다. 당시 독일에는 커피하우스들이 속속 생겨나고 있었으며 바흐 역시 커피 애호가 중 한 사람이었다. 아랍의 무슬림들이 마시던 커피가 유럽에 전래된 것은 17세기 초로 알려져 있다. 처음에 유럽인들은 커피를 '이교도의 음료', '이슬람의 와인' 등으로 부르며 꺼려했으나 한 번 커피 맛을 본 사람들은 그 맛에 빠져들었다. 교황 클레멘스 8세도 커피를 맛본 후 "이렇게 맛있는 음료를 이 교도들만 마시도록 하기에는 너무 아깝다."며 "이 이교도의 음료에게 세례를 주겠다."는 말로 커피를 공식 인정했다.

하지만 커피 원두는 유럽에서 생산되지 않고 이슬람권에서 독점하다 보니 값이 상당히 비쌌다. 오스만 제국이 1683년 오스트리아로 쳐들어 가면서 전쟁에 개입하지 말아달라는 조건으로 프랑스의 루이 14세에게 전한 선물이 커피 원두일 정도였다. 구하기 어렵던 커피 원두가 18세기 이후 대중화되면서 커피 문화는 서민층으로까지 확산됐다. 커피하우스는 단순히 커피를 마시는 공간이 아닌 사회 변혁의 중심이 되기도 했다. 앙시앵 레짐 말기의 프랑스 지식인들은 파리의 커피하우스에 모여 토론을 벌이며 혁명의 불씨를 피웠다.

바흐가 활동하던 시대에 라이프치히의 커피하우스는 여러 사람들이 모이는 사교장 역할을 했고, 소규모 공연이 펼쳐지기도 했다. 「커피 칸타타」는 커피하우스에서 흥을 돋우는 동시에 커피를 홍보하려는 목적으로 연주됐다. 바흐는 자신이 오페라를 작곡한 적은 없지만 「커피 칸타타」는 줄거리를 가진 작은 희극 오페라 같은 형식을 띠고 있다.

칸타타(Cantata)는 원래 17세기 초 이탈리아에서 탄생한 성악곡으로 작은 규모의 오케스트라와 함께 독창, 중창, 합창 등이 들어간다. 「커피 칸타타」는 종교적인 색채가 없는 세속 칸타타이며 소규모 오페라 형태의 실내 칸타타(Sonata Da Camera)로 분류된다. 간결하고 엄숙한 교회 칸타타와는 달리 세속 칸타타는 마치 대중음악처럼 기교가 있으며 기승전결을 갖춘 한 편의 드라마를 담고 있다. 「커피 칸타타」가 초연된 곳은 라이프치히 치머만의 한 커피하우스라고 전해진다. 「커피 칸타타」

이교도인 이슬람의 음료였던 커피를 허락한 교황 클레멘스 8세. 종교개혁에 대항한 가톨릭 개혁시대의 마지막 교황이기도 하다.

의 가사는 '피칸더'라는 필명을 가진 헨리키가 맡았으며 그는 「마태 수난곡」을 작사하기도 했다.

「커피 칸타타」는 리스헨과 그녀의 아버지 슐렌드리안의 말다툼으로 시작된다. 슐렌드리안은 "자식 낳아봤자 소용없다."며 잔뜩 화가 나 있는데 그 이유가 바로 딸이 마시는 커피 때문이다. 그는 리스헨에게 "커피를 당장 치워버려!"라고 명령한다. 남녀차별이 심하던 당시 라이프치히의 커피하우스에서는 여성의 출입을 금지했다고 한다. 참고로 이

시기는 카스트라토(거세된 남성 가수)가 여성 대신 고음을 맡던 때였다. 여성이 커피를 마시면 불임이 된다는 루머가 떠돌기도 했다.

이어 리스헨이 부르는 아리아 「커피는 어쩜 그렇게 맛있을까」가 플루트 연주와 함께 펼쳐진다.

아! 커피는 얼마나 달콤한가.
천 번의 키스보다 사랑스럽고
머스캣 와인보다 부드럽구나.
커피, 커피, 나는 커피를 마셔야 합니다.

총 10곡으로 이뤄진 「커피 칸타타」에서는 레치타티보와 아리아가 반복되며 아버지와 딸의 실랑이를 묘사하고 있다. 아버지 슐렌드리안은 산책을 못하게 하겠다, 옷을 사주지 않겠다는 등의 말로 딸을 협박한다. 그럼에도 불구하고 리스헨은 다른 건 몰라도 커피만큼은 포기할 수 없다고 맞선다. 이 과정에서 다소 허둥대는 듯한 아버지와 똑 부러지는 딸의 명랑한 노래가 대조되며 재미를 준다.

결국 딸이 백기를 든 것은 "약혼자와 결혼을 시키지 않겠다."는 아버지의 최후통첩이 떨어지고나서다. 그러나 알고 보니 딸에게는 다른 꿈수가 있었다. 리스헨은 다시는 커피를 마시지 않겠다고 아버지에게 약속하며 결혼 승낙을 받아낸다. 그리고 나서 혼인 계약서에 '커피를 자유롭게 마시게 해줄 것'이라는 조항을 넣은 것이다. 한 여성에 대한 권리가 아버지에서 남편으로 넘어가는 가부장적인 사회 구조를 영리한 리스헨은 교묘하게 이용한 것이다. 마지막 장면에서는 해설자와 아버

커피를 마시는 소녀. 당시에는 받침잔에 커피를 부어 식혀서 마셨다고 한다.

지, 딸 세 사람이 나와 「고양이는 쥐잡기를 그만둘 수 없지」라는 3중창을 부르며 칸타타는 막을 내린다.

종교음악에 헌신하며 루터교의 성인으로 존경받았던 바흐가 이런 대중적인 음악을 작곡했다는 것이 재미있고도 신기한 일이다. 하지만 그가 걸어온 생애와 음악세계를 보면 바흐는 교회의 지나친 엄숙주의에는 반발했으며 대중의 세속적인 욕구를 배척하거나 천시하지 않았다. 커피를 자유롭게 마시기 위해 꾀를 내는 딸과 이를 막으려는 아버지 사이의 갈등은 오늘날의 시트콤이나 코미디 소재와 비슷하지 않은가. 「커피 칸타타」를 비롯한 그의 세속 음악들을 들으면 호탕하고 자유분방했다던 바흐의 생전 모습을 짐작해볼 수 있다.

4. 생굴, 커피와 함께한 어느 작가의 일생

_ 발자크의 구강기 애착 성향과 그의 식탐

심리학을 따로 공부하지 않은 사람이라도 '구강기 애착'이라는 단어는 들어보았을 것이다. 갓난아기가 태어나면 엄마 품에 안겨 젖을 빨며 애착 관계를 형성한다. 이 시기에 빨고 싶은 욕구가 충족되지 않으면 식탐이 많거나 애정결핍인 성인으로 자랄 가능성이 커진다고 한다. 프랑스 사실주의 문학의 선구자로 불리는 오노레 드 발자크('드'라는 귀족 칭호는 스스로 붙인 것이다)의 생애는 전형적인 구강기 애착의 예를 보여준다. 그리고 이런 성격 형성의 배경에는 부모의 무관심이 있었다.

발자크는 1799년 투르에서 관료의 아들로 태어났는데 양친은 서른 살 이상 나이 차이가 났다고 하며, 이 때문에 부부 사이가 나빴던 발자크의 어머니는 그를 낳아만 놓고 사실상 방치한다. 어린 소년으로 성장한 후에는 아예 남의 집에 맡겨지는가 하면 8살이 되자 그가 '정신적 교도소'라고 불렀던 방돔 기숙학교에 보내졌다.

그곳은 오라토리오 수도회 교단 소속 학교로 신부들의 엄격한 훈육과 매질이 끊이지 않는 장소였다. 학교는 고독하고 공상에 잠기기 좋아했던 소년 발자크를 이해하려 하는 대신에 억압했다. 기숙사에서 발자크가 겪었던 괴로운 일들은 자전적 소설 『루이 랑베르(Louis Lambert)』(1833)에 상세히 묘사돼 있다.

> 우리를 징계했던 신부에 대한 기억은 아직도 생생하다. 가죽 회초리의 끔찍한 느낌은 그 기억을 더욱 생생하게 만든다. 육체뿐 아니라 정신적으로도 엄청난 고통이었던, 예수회에서 고안한 규칙과 체벌은 당시의 교과 과정에 포함돼 있었다. 특정한 날에는 반드시 부모에게 편지를 써야 했으며 고해성사도 의무적이었다. 이렇듯 우리의 감정과 죄는 일률적으로 조정됐다.
> _ 『루이 랑베르』, 송기정 옮김, 문학동네, 2010, 22쪽.

이처럼 우울한 학교생활을 어찌어찌 버텨냈지만 성장한 후에도 부모의 간섭은 끊이지 않았다. 부친의 뜻대로 소르본 대학에서 법학을 공부한 발자크는 법률사무소와 공증인 사무실에서 잠시 일했으며, 그의 부모는 그가 공증인이 되기를 바랐다. 그러나 스무 살 무렵 발자크는 처음으로 부모의 뜻을 거역하고 작가가 되겠다고 선언한다.

그러나 작가로서의 생활에 여유를 갖기 위해 손댄 여러 가지 사업들(인쇄업, 출판업, 활자주조업 등)은 줄줄이 실패하고 발자크는 젊은 나이에 막대한 빚을 지게 됐다. 설상가상으로 그는 도박광이었던 데다가 사치스러운 씀씀이 탓에 생활은 더욱 궁핍해졌다. 덕분에 발자크는 어떤 작

발자크의 초상화. 그는 자주 폭식을 했던 탓인지 비만에 가까운 체격이었다고 한다.

가보다도 '전투적으로' 작품을 썼다. 생계를 위해 문학작품이 아닌 신문 시사 논평을 기고하기도 했으며, 통속 소설도 썼다. 당시 그가 누이 동생에게 보낸 편지를 보면 자신을 어떻게 혹사시키며 생활했는지가 고스란히 드러난다.

"12시간 동안 흰 종이 위에 검은 글씨를 마냥 갈겨놓는 거야, 누이 동생. 이렇게 한 달을 생활하고 나면 꽤 많은 일이 이루어지거든."

"저녁밥을 주둥이에 처넣고 6시에 잤다가 자정에 일어나, 커피를 마시고 정오까지 일을 한단다."

그리고 탈고한 후에는 레스토랑에 달려가 몇 사람 분의 음식을 쓸어 넣었다. 이렇게 생활하니 건강이 좋았을 리가 없다. 특히 잦은 폭식과 과도한 커피 섭취는 발자크의 직접적인 사인으로 지목되기도 한다. 앉은 자리에서 1,444개의 굴을 먹어치웠다는 일화는 유명하며 집필을 할 때는 50잔 이상의 커피를 마셨다고 하니 아무리 체력이 튼튼하다 한들 버텨냈을까.

값비싼 레스토랑에서 고급 요리들을 '꿀꺽' 하고 출판인에게 돈이 없다며 '배 째라'고 버텼다는 이야기도 있다. 어느 날 그는 단골 레스토랑인 〈베리〉라는 곳에서 식사를 하자고 출판업자에게 제의한다. 이날 그가 먹은 음식은 오스텐드(굴과 홍합 양식으로 유명한 벨기에의 항구도시) 굴 100개, 양고기 커틀릿 12개, 순무를 곁들인 오리고기, 구운 자고새 한 쌍, 노르망디식 생선요리 등이었고 여기에 고가의 와인과 술을 곁들였다. 발자크가 현대에 태어났더라면 먹방 BJ로 이름을 날렸을지도 모를 일이다. 그나저나 발자크에게 식사를 얻어먹을 줄 알고 온 출판인의 심정은 어땠을지 궁금하다.

파리에 고급 레스토랑들이 생겨나게 된 계기는, 아이러니컬하게도 프랑스대혁명이었다. 왕의 목이 날아가고 떵떵거리며 살던 수많은 귀족들이 죽거나 해외로 도피한 상황에서 궁정이나 귀족의 저택에서 일하던 셰프들은 하루아침에 실업자가 되어 거리로 쫓겨났고, 달리 먹고 살 방법이 없었던 셰프들은 레스토랑을 열고 그들의 주인들이 먹던 진귀한 요리들을 대중 앞에 내놓는다.

'오트 퀴진(haute cuisine)'이라고 불리는 최고급 프랑스 요리의 기본은 귀족들이 먹던 요리를 바탕으로 만들어졌다. 말하자면 수프 같은 국물 요리를 만들 때 물 대신 와인이나 고기 육수를 넣고 끓인다거나 각기 재료에 맞는 소스를 사용한다거나 하는 까다로운 규칙들이 이때 생겨났

르 플라토 드 프뤼 드 메르. 우리나라로 치면 횟집에서 나오는 '해산물 모둠 요리'와 비슷해 보인다.

다고 한다. 그중 생굴은 요즘도 고급 요리로 대접받는다. 해산물을 날로 먹지 않는 서양인들의 식성을 볼 때 생굴 섭취는 상당히 예외적이다. 생굴이 비쌌던 이유는 비린 맛이 나기 전에 재빨리 공수해 가야 했기 때문이었을 것이다.

프렌치 레스토랑의 인기 메뉴 중에는 '르 플라토 드 프뤼 드 메르(Le Plateau de fruits de mer, 프뤼 드 메르는 '바다 열매'라는 뜻으로 해산물을 가리킴)'라는 것이 있는데 얼음이 깔린 쟁반에 해초를 얹고 생굴을 비롯해 바닷가재와 새우, 고둥, 가리비 등 온갖 해산물이 푸짐하게 나온다. 생굴은 그대로 먹기도 하지만 레몬즙을 뿌리거나 마늘 마요네즈인 아이올리,

발사믹 식초로 만든 비네그레트 소스 등을 곁들여 비린내를 없애기도 한다.

기름이 많은 오리고기는 종종 '콩피(confit)'라는 형태로 식탁에 올랐다. 콩피는 오리나 거위고기를 자체에서 나온 지방에 넣어 보존하는 조리법을 말한다. 정향, 타임, 월계수잎, 후추 등 향신료와 함께 소금에 절인 오리를 약한 불에 장시간 익힌다. 오리가 익으면 고기를 오리기름에 완전히 잠기도록 넣고 5~6개월간 숙성시킨다. 냉장시설이 없던 시절에는 이렇게 가공한 육류를 겨우내 먹었다.

콩피의 원조로 알려진 프랑스 가스코뉴(스페인어로 바스크) 지방에서는 숙성된 오리고기의 껍질을 바삭하게 구워 각종 채소와 함께 먹기도 한다. 기름진 맛을 누그러뜨리기 위해 조리할 때는 여분의 기름을 덜어내며 민들레나 엔다이브 같은 쓴맛이 강한 채소를 곁들인다. 콩피 자체만 먹기도 하지만 콩 스튜인 카술레(casserole) 등 다양한 요리의 재료로 쓰이기도 한다.

우리에게 낯선 식재료인 자고새는 사냥으로 잡는 야생 조류로, 18~19세기 프랑스 문학작품에 자주 등장한다. 과거에는 자연 서식하는 새를 직접 사냥했으나 오늘날에는 대규모로 사육되고 있다. 어린 새는 오븐이나 직화로 굽는 경우가 대부분이며, 살이 질긴 늙은 새는 3~4일 정도 매달아 말렸다가 오랜 시간을 들여 조리한다. 자고새의 살은 촉촉하며 간 요리와 비슷한 부드럽고 진한 풍미가 있다고 한다. 사슴과 토끼, 자고새 같은 야생동물의 고기인 '지비에(gibier)'는 유럽 사냥 문화의 산물로, 최근에는 일본 등 아시아 지역에서도 인기를 끌고 있다.

발자크는 커피 로스팅에도 많은 시간을 소비했다. 그는 독한 터키 커

원두를 갈아서 작은 냄비에 물과 함께 넣고 끓이고 식히기를 반복하면서 추출하는 터키 커피.

피를 즐겨 마셨다고 하며 로스팅 방법은 오늘날에도 전해 내려오고 있으나 안타깝게도 그 시대의 원두는 더 이상 재배되지 않는다.

　터키 커피는 커피 제조법의 '원조'라고 할 수 있는데 갈아낸 원두를 작은 냄비(터키 커피를 끓이는 냄비는 2가지가 있는데 뚜껑이 달린 것을 이브릭, 없는 것을 체즈베라고 부른다)에 물과 함께 넣고 끓였다 식혔다 하며 추출한다. 중간 중간 식혀주는 이유는 쓴맛이 덜 우러나도록 하기 위해서이다. 터키 커피는 에스프레소보다 묵직한 느낌이 들며 원두 가루를 걸러내지 않기 때문에 입안에서의 식감이 꺼끌꺼끌하다. 소금이나 버터를 입에 물고 마시면 한결 맛있다고 하며 설탕과 각종 향신료를 첨가할 수도 있다. 일본인들이 쓰디쓴 말차를 마시고 단맛이 강한 화과자를 먹듯이, 터키 커피에는 터키 전통 과자인 바클라바(수십 겹의 페이스트리에 진한 설탕물로 맛을 낸 파이의 일종) 같은 달콤한 음식이 잘 어울린다.

발자크는 식탐만큼이나 문학에 대한 열정도 대단했다. 그는 자신이 집어삼킨 음식 이상으로 많은 작품들을 써냈다. 나폴레옹의 열렬한 지지자였던 발자크는 스스로 '문학의 나폴레옹'이 되기를 원했다고 한다. 자신의 이름으로 출간한 첫 소설인 『올빼미 당원』을 비롯해 『마법 가죽』, 『우스꽝스러운 콩트』, 『갈색 콩트』, 『시골 의사』, 『고리오 영감』, 『골짜기의 백합』에 이르기까지 발자크는 20년이 채 되지 않는 시간 동안 100여 편의 소설을 남겼다.

그의 창작욕의 결정판은 무려 2,000여 명의 등장인물이 나오는 『인간 희극』이다. 이 작품은 프랑스대혁명 직후부터 1848년 2월혁명 직전을 배경으로 하고 있으며 그의 다른 작품에서 나왔던 인물들을 다시 만날 수 있다. 프랑스대혁명으로 시작해 로베스피에르의 공포정치, 나폴레옹의 출현 등 복잡다난했던 역사를 캔버스 삼아 그는 혼란의 시대를 살아가는 다채로운 인간 군상을 그려냈다. 사회 각 영역에 자리 잡은 인간들의 전형을 분석하고, 나아가 당시 프랑스 사회의 거대한 조감도를 그려낸 그는 사실주의의 선구자로 문학사의 한 획을 긋게 된다.

한편 발자크의 구강기 애착 성향은 그의 연애사에도 나타난다. 어머니의 사랑에 굶주린 탓인지 그는 연상의 여인들과 주로 연애를 했던 것으로 알려졌다. 특히 중년의 귀부인들과 어울리면서 여성의 심리를 상세하게 관찰해 작품에 반영하기도 했다.

그중에서도 『골짜기의 백합』의 모델인 베르니 부인이나 18년 동안 편지를 주고받았다는 폴란드 백작부인 한스카는 발자크의 삶과 문학에 적지 않은 영향을 준 뮤즈라고 할 수 있다. 발자크가 20대 초반일 때 만난 베르니 부인은 발자크보다 22살이나 많았으며, 애증의 대상이던 어머니의 친구이기도 했다.

그녀는 발자크가 사업 실패와 불우했던 가정사 등으로 괴로워할 때 마음의 안식처가 되어 주었으며, 문학에서의 멘토 역할도 했다고 한다. 유명한 전기작가 슈테판 츠바이크는 베르니 부인을 만난 후에야 발자크가 가족으로부터 얻은 트라우마와 질 낮은 통속문학에서 벗어날 수 있었다고 언급한 바 있다.

연인이자 어머니 같은 존재였던 베르니 부인이 죽은 후 실의에 빠진 발자크 앞에 나타난 여인이 그의 마지막을 함께해준 에블린 한스카 부인이었다. 한스카 부인과의 인연은 그녀가 익명으로 보낸 한 통의 편지에서 시작됐다. 20년 가까이 두 사람이 주고받은 편지는 지금까지 발자크의 문학세계를 이해하는 자료로 쓰이고 있으며, 후일 『이국 여인에게 보낸 편지』라는 제목으로 출간된다.

한스카 부인과 발자크는 두어 번 정도 만났을 뿐 대부분의 대화를 편지를 통해 주고받았으나 한결같이 서로를 사랑했다고 한다. 두 사람은 1850년 한스카 부인의 남편이 사망하자 드디어 결혼식을 올린다. 오랜 기다림 끝에 사랑의 결실을 맺었으나 불행히도 이들의 행복은 오래가

한스카 부인의 초상. 오스트리아 화가 페르디난드 게오르그 발트뮐러가 1835년에 그린 그림이다.

지 못했다. 발자크가 집필 활동을 하는 동안 반복됐던 밤샘 작업과 폭식, 카페인 중독 등으로 인해 결혼한 지 반년이 채 되지 못해 사망한 것이다. 그의 유언은 "비앙숑(발자크 작품에 등장하는 의사)을 불러줘! 그만이 나를 치료할 수 있어!"였다고 한다.

평생 사랑을 갈구했고 문학에 몰두했으며 생애 가장 행복한 순간에 세상을 떠나고 만 발자크. 그런 그가 정말로 먹고 싶어 한 음식은 어머니의 사랑 아니었을까.

5. 제인 오스틴과 홍차 한 잔을

_ 명작을 탄생시킨 티타임의 수다

시간이 이른 아침이라면 첫 번째 할 일은 차를 끓이는 것이다. 차
는 움츠린 영혼을 북돋워주는 가장 탁월한 약이다. 그리고나서 우
리는 다양한 임무를 시작한다.

_ 제인 오스틴, 『오만과 편견』 중에서

남자들이 절대로(!) 이해하지 못하는 여자들의 행동 가운데 하나가
차 한 잔을 앞에 놓고 몇 시간씩이나 수다 떠는 일이라고 한다. 수다의
내용도 대체로 뻔하다. 미혼 여성들의 경우 주변에 누구와 누가 사귄다
거나, 짝사랑하는 사람이 있는데 그 사람은 나에게 마음이 없는 것 같다
거나, 친구 하나는 실연을 당하고 일까지 그만뒀다더라, 등등 연애와 결
혼에 대한 시시콜콜한 테마가 대부분이다. 이런 여성들이 결혼을 하고
나면 남편의 직업이며 아이들의 교육 문제로 화제가 바뀐다.

제인 오스틴의 언니 카산드라 오스틴이 직접 그린 제인의 초상화.

　대화의 구심점이 되는 차 역시 밥보다 비싼데다 그 가격의 대부분이 브랜드값, 자릿값이라는 것도 남자들에게는 낭비처럼 보인다. 오죽하면 '된장녀'를 상징하는 대표적인 아이템이 스타벅스 커피숍이었을까. 하지만 이런 비싸고 실속 없어 보이는 수다가 사실은 여성들이 일상의 에너지를 충전하는 영양분이라면? 이 말이 이해가 안 가는 남자 분들은 술만 들어가면 군대 이야기를 무용담처럼 늘어놓는 자신들을 떠올려보기 바란다.

여성작가들 중에는 연애와 결혼에 대한, 먼지처럼 떠다니는·수다를 모아 주옥 같은 작품으로 승화시킨 이가 있다. 200년이 넘도록 영미문학사에 지대한 영향을 끼치며 지금도 팬클럽을 몰고 다니는 작가 제인 오스틴(1775~1817)이 주인공이다. 우리에게는 『오만과 편견』, 『이성과 감성』 정도나 알려져 있는 그녀가 본국인 영국에서 차지하는 위치는 우리나라 독자들의 상상을 초월한다. 제인 오스틴의 작품을 주제로 한 문학 연구 논문도 엄청나게 많은데다 대중적으로도 영국인이 가장 사랑하는 소설가 중 하나로 꼽힐 정도니 말이다.

그녀의 대표작인 『오만과 편견』이 드라마화된 것은 영국 국영방송인 BBC에서만 수차례가 넘는다. 영화 「킹스맨」, 「러브 액츄얼리」 등으로 유명한 영국 국민배우 콜린 퍼스의 출세작도 드라마 「오만과 편견」의 피츠윌리엄 다아시 역이었다. 그밖에도 각색과 현대화를 거쳐 대중 앞에 선보인 제인 오스틴 원작 영화나 드라마들도 수두룩하다. 2007년에는 제인 오스틴의 젊은 시절과 첫사랑을 묘사한 영화 「비커밍 제인」이 만들어지기도 했다.

그런데 이 위대한 소설가의 유명세만을 듣고 작품을 처음 접해보는 이들은 살짝 당황하게 된다. 테마가 온통 연애와 결혼 따위이기 때문이다. 『오만과 편견』 하나만 보더라도 여주인공들의 '남편 찾기(Husband Hunting)'를 다룬, 말 그대로 통속극의 성격을 가지고 있다. 그런데 신기한 것은 한국의 멜로드라마처럼 대중적이고 말초적 재미를 주는 그녀의 작품 행간을 유심히 보면 인간의 본성이나 사회 부조리 등에 대한 진지한 통찰도 놓치지 않고 있다는 점이다. 굳이 비유하자면, 재벌 2세 남자 주인공과 가난한 여자 주인공이 맺어진다는 뻔한 스토리 가운데서

앨버트 린치의 「차 마시는 여인들」. 영국 빅토리아시대 귀족으로 보이는 여성들이 티타임을 갖고 있다.

도 '금수저'가 지배하는 세상의 모순을 날카롭게 짚어내는 식이다. 더구나 진지한 주제를 가볍게 툭 던지듯 독자 앞에 늘어놓는 능력은 글을 쓰는 사람이라면 누구나 부러워할 만한 탁월한 재주다.

제인 오스틴의 작품이 대부분 연애나 결혼을 다룬 이유는 또 있다. 그녀가 살았던 빅토리아 시대의 영국 여성들에게는 사회 진출이나 넓은 세상을 보는 기회는 허용되지 않았다. 오스틴 자신도 신분을 숨기고 '레이디(A Lady)'라는 필명으로 책을 내야 했던 세상이다. 하지만 이렇게 제한으로 가득한 환경에서도 오스틴은 자신이 살면서 경험해온 것들 중 정수만을 뽑아 수백 년이 지나도 빛이 바래지 않을 명작들을 집필했다. 마치 텅 빈 것 같은 냉장고에서 몇 가지 재료만을 가지고 최고의 식탁을 차려내는 엄마의 솜씨처럼 말이다.

그녀는 여성들의 최대 관심사였던 연애와 결혼에 대한 소재를 어디에서 얻었을까. 독서를 통한 간접 경험도 많았겠지만, 이런 주제는 아무래도 여자들끼리의 수다에서 주로 나오는 법이다. 오스틴 가에서 제인은 홍차를 직접 구입하고 관리하는 티 소믈리에 같은 역할을 했다고 한다. 또한 여러 가지 케이크와 과자 레시피를 모아 가족들이나 지인들에게 대접했다.

이렇게 매일 벌어지는 티타임은 오스틴에게 작품에 쓸 소재를 무제한으로 제공해주었을 것이다. 오스틴의 조카인 캐럴라인 오스틴은 『나의 고모 제인 오스틴』이라는 회고록에서 "9시가 되면 고모는 아침 식사를 만들었다. 차와 설탕은 고모의 감독 아래 있었다."고 밝혔다.

빅토리아 시대 젠트리 계급 이상의 중상류층 가정에서 차는 말 그대로 생필품 중 하나였으며 열쇠로 잠가 보관할 만큼 귀중품이기도 했다. 대항해시대 동방에서 들어온 향신료를 신주단지 모시듯 했듯이, 당시 영국인들은 홍차와 설탕을 보물처럼 소중히 대했다.

그런데 차의 본고장인 중국에서도 차를 일상적인 음료로 매일 마실 수 있게 된 역사는 생각보다 짧은 듯하다. 펄 벅의 장편소설 『대지』에는 가난한 농부인 왕룽이 혼롓날 아침 부친에게 차를 대접하는 장면이 나오는데, 정작 아버지는 "차를 마시다니! 은(銀)을 먹는 것과 마찬가지야!"라며 화를 낸다.

중국에서는 주로 녹차를 마시는 데 반해 유럽에서는 블랙 티(black tea)라고 불리는 홍차를 마시게 된 이유는 우연 때문이라는 속설이 있다. 녹차를 중국에서 배에 실어 나르는 동안 차가 저절로 발효돼서 홍차가 됐다는 것이다. 결론부터 말하면 이 속설은 호사가들이 지어낸 이야기로,

줄리어스 스튜어트의 「5시의 홍차」(1883~1884).

사실이 아니다. 중국에는 17세기 무렵부터 이미 홍차가 있었고, 녹차는 생 찻잎을 그냥 우리는 게 아니라 뜨거운 열에 덖는 과정을 거치므로 그 상태에서 더 발효되지 않는다.

중국의 홍차는 1610년 푸젠 성에서 처음 만들어졌다고 전하며, 녹차에 비해 마이너했으나 유럽인들이 홍차를 선호하자 그 종류가 더 다양해진 것이다. 안후이 성 기문 현의 기문(祁門) 홍차나 랍상소우총(正山小種)이 태어난 것도 유럽과의 교역이 활성화되면서부터이다.

제인 오스틴 가족이 즐겨 마신 차는 어떤 종류일까. 그녀는 오늘날에도 유명한 포트넘 앤 메이슨이나 웨지우드, 트와이닝 홍차를 주로 구입했다고 한다. 이들 업체에서는 스트레이트 홍차 이외에도 얼 그레이와 레이디 그레이, 와일드 스트로베리 등 블렌디드 티도 판매했다.

영국 런던 근교 바스의 〈샐리 런즈〉라는 카페는 오스틴 작품 속 배경이 되기도 했는데 지금도 이곳에는 제인 오스틴 룸이 있다. 당시 〈복스홀〉, 〈라넬라〉, 〈메어리 레본〉 같은 티가든은 남자들이 주로 드나드는 커피하우스 대신 여성들이 모이는 장소였다고 한다. 그러고 보면 영국의 차 문화는 여성들이 주도해왔다고도 할 수 있으며, 유명한 티타임 역시 여성들이 주체가 됐다.

당시 귀부인들은 저녁 식사가 마련될 때까지 출출함을 달래기 위해 차와 함께 가벼운 음식을 먹었는데 이것이 바로 티타임의 유래다. 티타임에 나오는 애프터눈 티 세트는 요즘 한국에서도 큰 인기를 끌고 있다. 전통적으로는 소금 뿌린 오이를 빵 사이에 끼운 샌드위치와 스콘, 클로티드 크림과 잼, 케이크 등이 차려졌다. 당시 영국에 들어온 지 얼마 되지 않았던 오이는 오늘날과 달리 값이 매우 비쌌으며, 때문에 오이 샌드위치는 부를 과시하기 위한 메뉴였다.

우리에게도 익숙한 스콘은 질감이 뻣뻣하다보니 갓 구워냈을 때 먹는 것이 가장 맛있다. 버터처럼 꾸덕꾸덕한 클로티드 크림과 잼을 곁들이는 것이 정석이다. 데본서 크림이라고도 불리는 클로티드 크림은 국내에선 찾아보기 힘들지만 필요할 경우 직접 만들 수 있다. 생크림을 아주 약한 불에 올리고 굳어진 표면을 조금씩 걷어낸다. 휘핑한 생크림에 비해 진하고 농후한 맛이 일품이다.

애프터눈 티 세트의 전통적인 케이크로는 빅토리아 여왕이 즐겨 먹었다는 라즈베리잼 케이크가 있다. 스펀지케이크에 생크림과 라즈베리잼을 얹은 이 케이크는 소설 『메리 포핀스』에도 등장한다. 애인인 성

18세기 스위스 화가 장 에티엔 리오타르가 그린 「차 세트가 있는 정물」(1781~1783).

냥팔이와 함께 그림 속 세계로 빨려 들어간 메리 포핀스는 자신이 가장
좋아하는 라즈베리잼 케이크와 홍차가 있는 테이블을 보고는 그만 탄
성을 지른다.

테이블 중앙에는 메리 포핀스의 허리 높이까지 쌓인 라즈베리잼
케이크가, 그 곁에는 커다란 주전자 안에 홍차가 끓고 있었다. 2개
의 고둥 접시와 그것을 빼 먹기 위한 핀도 있다.
"맙소사!"
그것은 메리 포핀스가 기쁠 때마다 하는 말이었다. 그녀가 막 케

이크 조각을 집으려 했을 때 웨이터가 주전자에서 차를 따르며 물었다.

"차는 안 드십니까?"

두 사람은 차를 마시고, 각기 두 잔을 더 마셨다. 그리고 나서 라즈베리잼 케이크 한 무더기를 모두 먹어치웠다.

_ 『메리 포핀스』 본문 중에서

제인 오스틴에게도 라즈베리잼 케이크처럼 달달한 연애를 하던 시기가 있었다. 20살 때인 1796년 그녀는 톰 러프로이라는 아일랜드 태생 남성과 결혼까지 약속했다고 한다. 그는 이웃 마을 목사의 조카이며 미남에 후일 아일랜드 대법관이 됐다는 것으로 보아 이른바 '엄친아' 캐릭터로 추측된다. 그러나 톰의 집안에서는 더 부유한 신부를 얻기를 원했고, 제인 오스틴은 그와 헤어진 후 『오만과 편견』의 전신이라 할 수 있는 장편소설 『첫인상』을 집필, 작가의 길에 발을 들여놓는다.

1798년 무렵에 그녀는 케임브리지대학 이매뉴얼 칼리지 학생인 새뮤얼 블래컬의 구혼을 거절한 적이 있으며, 1802년에는 햄프셔 집안의 상속자 해리스 빅 위저드와 결혼하기로 했으나 다음 날 마음을 바꿨다고 한다. 그 후에도 연인이 있었으나 연인을 죽음으로 잃었다고 하며 결국 1817년 사망할 때까지 누구와도 결혼하지 않았다. 다만 생전에 조카에게 보낸 편지를 보면 "애정 없이 결혼하기보다 무엇이든 다른 것을 택하고 견뎌야 한다."고 언급한 것으로 볼 때 본인 나름의 확고한 연애관이 있었으리라고 짐작해볼 수 있다.

홍차 한 잔을 즐기며 나누는 연애와 결혼에 대한 다양한 잡담들. 그리

19세기 이탈리아의 고전주의 화가인 프레드릭 술라크루아가 그린 「티 파티」.

고 이런 소소한 수다에서 힌트를 얻어 명작을 써낸 제인 오스틴. 그녀의 작품들은 후대에 영화로도 유명한 헬렌 필딩의 소설 『브리짓 존스의 일기』를 비롯해 다양한 창작물에 영향을 주기도 했다.

그녀는 마지막 작품 『샌디션』을 집필하던 1817년 울화병을 호소했는데, 현대 의학에 근거하면 오스틴의 병명은 애디슨병으로 추정된다. 애디슨병이란 부신에 결핵과 매독, 종양 등이 전이되면서 파괴되거나 원인 불명의 위축 등으로 인해 부신피질 호르몬이 부족해지는 질병이다.

사망할 당시 그녀의 나이는 마흔둘이었다.

평생을 독신으로 살았으며 경제적인 어려움과 병으로 인한 이른 죽음 등 표면적인 것들을 보면 제인 오스틴의 삶은 그다지 행복하지 않았다고 할 수 있다. 하지만 결핍 속에서 자아낸 그녀의 작품들은 오늘날까지도 많은 사람들에게 향긋한 한 잔의 홍차와도 같은 재미와 감동을 선사하고 있다.

6. 칠면조 요리가 물에 빠졌을 때, 그는 울었네

_ 시대를 풍미한 작곡가 로시니의 음악 사랑, 음식 사랑

베토벤과 동시대에 활동했지만, 살아생전에는 베토벤보다 더한 명성을 누렸다는 음악가 로시니(1792~1868)에 관한 재미있는 일화가 있다.

로시니는 평생 세 번 울었다고 하는데 첫 번째는 오페라 작품인 「세비야의 이발사」 초연날 관객들이 난동을 부려 공연이 엉망이 되고 말았을 때이다. 두 번째는 파가니니의 바이올린 연주를 듣고 감동해서, 세 번째는 센 강에서 유람선을 타고 뱃놀이를 갔다가 트러플을 채운 칠면조 요리를 물에 빠뜨렸을 때라고 한다.

오늘날에도 '땅 속의 다이아몬드'라고 불릴 정도로 값비싼 트러플 요리를 잃어버렸으니 아깝고 원통하긴 하겠지만, 그렇다고 다 큰 남자가 울기까지 하다니. 이 일화는 음악가인 동시에 미식가였던 로시니의 면모를 극명하게 보여준다.

로시니의 고향은 이탈리아 중부에 위치한 페자로라는 도시이다. 어

린 시절 그는 부모와 함께 볼로냐로 이주하는데, 이곳은 그 유명한 토마토 미트소스 '볼로네제'가 탄생한 곳이기도 하다. 로시니가 살던 당시에도 이탈리아에서 볼로냐, 하면 미식의 중심지로 불렸다. 식도락의 고장 볼로냐에서 어린 로시니는 음악가로서의 재능과 더불어 미식에 대한 감성도 키워 나갔다. 그리고 작곡가로 명성을 얻은 후 파리에 건너가 본격적인 식도락 생활을 시작한다.

로시니가 작곡가로서 은퇴한 후 만년을 보낸 곳은 파리 근교의 파시라는 작은 도시로, 그는 단지 미식을 즐기기만 한 것이 아니라 요리에도 관심이 많아 직접 만든 요리로 손님들을 대접했다고 한다.

당시 로시니와 어울렸던 명사들은 작가 알렉상드르 뒤마를 비롯해 리스트, 바그너, 생상, 베르디 등 내로라하는 음악가들이다. 이들은 로시니의 집에 모여 수십 종류의 와인과 치즈를 비롯한 각종 진미를 즐겼다. 로시니는 직접 와인을 담그기도 했으며, 포르투갈 국왕이 하사한 왕실 포도주도 그의 와인 컬렉션에 있었다고 한다. 또한 그는 요리사 마그니와 함께 이전에 맛보지 못했던 새로운 요리들을 개발하는 데 생의 대부분을 바쳤다. 물론 요리를 개발하는 중간 중간에 오페라를 작곡하기도 하고, 후진 양성에 힘쓰기도 했지만 말이다.

로시니의 식도락 기행은 후대의 작가 무라카미 하루키에게도 영감을 주었던 듯싶다. 하루키의 소설 「태엽 감는 새」에는 스파게티를 삶으면서 들으면 좋은 노래로 로시니의 오페라 「도둑 까치」를 들고 있다. 하루키는 여러 음악가들이 연주한 앨범 중 런던교향악단이 연주하고 클라우디오 아바도가 지휘한 버전을 추천한다. 「도둑 까치」는 물건을 훔쳤다고 누명을 쓴 한 하녀가 목숨을 잃고 난 후, 진짜 범인이 까치인 것

음악가로서, 미식가로서 한 시대를
풍미한 남자, 로시니.

으로 드러났다는 내용의 오페라다. 다만 원작과는 달리 오페라는 해피
엔딩으로 끝난다.

　식도락과 예술, 사람들과의 교류를 즐겼던 로시니의 성격 탓인지 로
시니 오페라는 대부분 희극이다. 베토벤의 인생이 평생 한두 번 즐거울
까 말까 했다면, 로시니의 삶은 평생 한두 번 괴로울까 말까 했다는 농
담이 있을 정도다. 베토벤이 청력을 잃은 고통을 비롯한 자신의 고단한
삶을 예술로 승화시켰다면 로시니의 음악은 쾌활하고 낙천적인 그의
성품을 반영했다고 할 수 있다. 생전에 로시니가 음악가로서 가진 철학
도 "음악은 듣는 사람을 즐겁고 행복하게 하는 것"이었다고 한다.

그의 작품 중 보마르셰의 희곡을 바탕으로 한 「세비야의 이발사」는 프랑스 앙시앵 레짐 당시 귀족들의 타락상을 신랄하게 비꼰 것으로 유명하다. 그밖에도 로시니는 「영국 여왕 엘리자베스」, 「신데렐라」, 「이집트의 모세」, 「오리 백작」, 「빌헬름 텔」 등 동화적인 요소가 듬뿍 묻어나는 오페라들을 작곡한다. 칸타타와 피아노, 관현악곡, 실내악 등에서도 많은 곡들을 쓰며 명성을 누렸으나 한창 일할 나이인 37살에 돌연 오페라를 작곡하지 않겠다고 선언해 사람들을 놀라게 했다. 그것도 그의 대표작 「빌헬름 텔」이 인기 절정일 시기였다. 항간에는 그가 일찍 오페라 작곡을 접은 이유가 트러플을 캘 돼지를 키우기 위해서였다는 소문이 돌기도 했다.

로시니의 식도락 기행은 작품에 직접 나타나기도 한다. 성악과 기악 작품을 모아 펴낸 『노년의 과오』에는 무, 앤초비, 피클, 버터, 말린 돼지고기, 아몬드, 건포도, 헤이즐넛 같은 이름이 붙어 있다. 그에게 헌정된 '빌헬름 텔'이라는 파이도 있는데 애플파이 위에 설탕으로 만든 활과 화살, 사과로 장식해 작품의 내용을 표현했다.

로시니가 직접 개발한 메뉴 가운데 가장 유명한 것으로 '로시니 스테이크'라고도 불리는 '투르네도 로시니(Tournedos Rossini)'가 있다. 쇠고기 안심이나 필레 미뇽으로 만든 스테이크 위에 생푸아그라를 올린 것이다. 접시 바닥에는 트러플을 넣은 진한 소스를 뿌린다. 세계 3대 진미중 2가지가 사용된, 그야말로 사치의 극을 달리는 메뉴가 아닐 수 없다. 이 요리에는 호주 출신의 유명 오페라 가수인 넬리 멜바가 다이어트식으로 먹었다던 멜바 토스트(Melba toast)나 마데이라 소스를 곁들이기도 한다.

푸아그라를 올리고 종잇장처럼 얇게 저민 블랙 트러플을 뿌린 투르네도 로시니 스테이크. 마데이라 소스를 곁들였다.

　투르네도 로시니에는 유명한 일화가 있다. 어느 날 파리의 유명 비스트로인 〈카페 앙글레〉에서 식사를 하던 로시니는 주방장에게 자기가 보는 앞에서 요리를 직접 해달라고 부탁한다. 주방장이 거절하자 "그러면 등을 돌리시오[에 탈로 투르네 르 도(Et alors tourne le dos)]."라고 한 데서 요리의 이름이 유래됐다는 것이다.

　일종의 말장난인 셈인데 이 이야기에는 이설이 몇 가지 있다. 주방장에게 요리를 두고 참견하던 로시니가 '않느니 죽지' 식으로 직접 만들었다는 설, 전채로 나온 푸아그라와 마데이라 소스를 섞어보았다는 설등이다. 당시의 주방장은 전설적인 셰프인 앙투안 카렘이었다는 이야기도 있고, 카시미르 무아송이라는 주장도 있다. 어쨌든 이 이야기는 로시니의 음식 까탈이 보통 이상이었음을 말해주고 있다. 그는 파리에 거주하면서 유수의 레스토랑들을 단골집으로 삼았으며 그중에는 1582년에 세워져 루이 16세 부부도 드나들었다는 〈라 투르 다르장〉도 포함돼 있다. 이곳은 오리 요리로 유명한 유서 깊은 식당으로 애니메이션 「라따뚜이」(2007)의 배경이 된 장소이기도 하다.

참고로, '살찐 간'이라는 뜻의 푸아그라는 동물학대 음식으로 한국에 알려져 있지만 원래는 겨울철에 자연스럽게 지방분이 쌓인 들오리의 간을 재료로 사용했다. 농부들은 집에서 기르는 거위를 재료로 직접 푸아그라를 만들어내기 시작했다. 현대에 와서는 거위보다는 오리 사육에 비용이 적게 들다 보니 거위 푸아그라가 더 고급 대접을 받고 있다. 그러나 일부 농가에서 더 많은 양을 생산하려는 욕심에 파이프로 옥수수 사료를 강제 주입하는 방법을 택하면서 학대 논란이 시작됐다.

다만 그렇게 대량생산한 푸아그라는 자연산에 비해 맛이 현저히 떨어진다. 혹시 푸아그라를 먹고 맛이 없었다는 사람들은 아마도 하급품을 맛보았을 가능성이 크다(실제로 자연산 푸아그라는 가격이 너무나 비싸 일반인들이 먹어볼 기회는 극히 드물다). 국내에는 보통 파테나 스프레드 형태로 유통되는 푸아그라는 간 특유의 풍미가 강해 거부감을 갖는 이들도 많으나, 가공하지 않은 생간을 그대로 살짝 구워 먹으면 3대 진미로 불리는 이유를 알게 될 만큼 농후하고 고급스러운 맛을 느낄 수 있다.

로시니는 송로버섯이라고도 불리는 트러플을 열렬히 사랑한 것으로도 유명하다. 그는 이 버섯에 '부엌의 모차르트'라는 별명을 붙였다고도 한다. 지금도 파리의 전통 있는 레스토랑에서 '~ 아 라 로시니'라는

블랙 트러플의 단면. 단면에 하얀 그물 무늬가 많을수록 최상품으로 친다고 한다.

이름이 붙은 요리는 모두 트러플을 이용한 요리를 가리킨다. 예를 들어 트러플이 들어간 수란 요리에는 '포치드 에그 아 라 로시니', 닭요리에는 '치킨 아 라 로시니' 하는 식이다. 로시니가 성장한 볼로냐는 트러플 산지로도 유명한 곳이어서 아마 그는 어린 시절 먹어본 맛을 평생 못 잊은 듯하다.

트러플은 매우 향기가 강해서 다른 재료의 맛을 압도해버리지 않도록 소량만을 사용한다. 그램 당 가격으로 따지면 금보다 비싼 식재료이다 보니 식당에서는 금고에 보관하기도 하며, 트러플 향을 낸 오일 같은 대체품들도 많이 쓰인다. 땅 속에 묻혀 있는 트러플은 원래 냄새를 잘 맡는 돼지를 이용해 캐냈지만, 기껏 찾아낸 트러플을 돼지들이 먹어버리는 일이 종종 발생하자 요즘은 훈련된 개를 이용해 찾아낸다.

일반적으로 프랑스 요리에는 블랙 페리고르 트러플이, 이탈리아 요리에는 화이트 알바 트러플이 많이 쓰이는데 검정색 쪽이 상대적으로 향이 짙은 편이다. 블랙 페리고르 트러플 향은 말로 설명하기 힘들 만큼 복잡미묘한데 전문가들은 흙냄새와 견과류, 들풀, 유황에서부터 바닐라, 장미, 베르가모트 등 100여 가지 향이 난다고 말한다.

블랙 페리고르 트러플보다 더 희소성이 높고 값도 비싼 화이트 알바 트러플은 파르메잔 치즈와 비슷한 풍미를 갖고 있다. 화이트 알바 트러플은 맛이 섬세하기 때문에 절대 열을 가해 조리하지 않고 생으로 활용한다. 가장 인기 있는 레시피는 오믈렛이나 파스타 위에 종이보다 얇게 저민 트러플을 뿌려 먹는 것이다.

로마제국 시대부터 사랑받았던 트러플은 인공 재배가 불가능한데다 20세기 두 차례의 세계대전으로 인해 트러플 위치를 아는 사람들이 상당수 사망하면서 1킬로그램에 100만 원을 호가할 정도로 비싸졌다. 토양 오염도 트러플 감소의 원인으로 지목된다. TV 프로그램에 종종 나오는, 큰 덩어리로 된 트러플은 일반인에게는 유통되지 않으며 주로 전문 시장에서 경매에 붙여져 팔린다.

로시니가 음악만큼이나 워낙 미식가로 유명한 탓에 그의 고국인 이탈리아에서는 로시니의 이름을 딴 요리 대회까지 개최되고 있다. 이탈리아 마르케 주의 명문 대학인 마체라타 대학에서는 '조아키노 로시니 미식 국제 경연대회'가 매년 봄 열린다. 이 대회에서는 참가자들이 로시니의 음악 세계를 주제로 경합을 벌인다고 한다. 음악가의 이름이 음악 경연대회가 아닌 요리대회 이름으로 쓰였다는 점이 재미있다.

한없이 자유로운 영혼의 소유자 로시니가 조선시대에 태어났다면 풍류를 즐기는 한량으로 살아갔을지도 모르겠다. 우리나라 위인들 중 가장 유사한 인물을 꼽자면 자유분방한 삶을 살면서 평생 식도락을 즐겼다는 허균이나, 값비싼 매화를 보며 술 마시는 데 하룻밤에 몇 천 냥을 썼다는 김홍도쯤 되지 않을까. 작곡가로서 일찍 은퇴했다는 점이 그의 팬들에게는 안타까운 일이지만, 로시니 자신에게는 그것이 더 충만한 삶을 살기 위한 하나의 수단이었을 수도 있을 것이다.

7. 취하라, 위험한 초록빛 액체에

_ 랭보와 고흐 등 예술가들이 사랑한 술 압생트와 19세기 예술의 풍경

아르튀르 랭보, 하면 프랑스 문학사에서 상당히 중요한 영향을 끼친 시인 중 한 사람이었음에도, 대다수의 사람들은 그의 동성애와 기이한 행동만을 떠올리곤 한다. 랭보의 시가 주는 울림이나 그가 시를 통해 말하고자 했던 세상에 대해서 자세히 이해하려는 이들은 불문학 연구자들을 뺀다면 그리 많지 않아 보인다. 애초에 그의 시가 상당히 난해한 것도 랭보를 제대로 이해하는 이들이 적은 이유 중 하나로 볼 수 있다.

다만 시인으로서의 랭보를 읽는 키워드를 뽑아내자면, 기존의 틀에 대한 격한 저항을 들 수 있다. 이런 면은 랭보가 활동할 당시 프랑스 문학계의 한 조류이기도 했지만, 그의 삶 자체도 끊임없는 억압과의 싸움이었다. 사춘기 시절의 소년 랭보는 맨먼저 부모의 억압에 저항했다. 이어 학교를 비롯한 사회의 권위에 저항했고, 나아가 당시 프랑스 문학의 패러다임에 도전하게 된다.

짧은 문학 생애를 통해 독창적인 시 세계를 구축한 랭보의 젊은 시절.

　1854년 프랑스 동북부 샤를르빌에서 태어난 랭보는 어린 시절부터 알아주는 수재였다고 한다. 그러나 엄격한 기독교인이었던 어머니는 집안의 폭군으로 군림하면서 랭보를 비롯한 자녀들에게 순종과 금욕적인 생활을 강요했다. 게다가 아내의 바가지를 견디다 못한 아버지가 집을 나가버리자 홀로 남은 어머니는 자식들을 더욱 강경하게 훈육하기 시작했다고 한다. 동네 아이들과 어울리는 것도 금하고 공부한 내용을 제대로 암송하지 못하면 밥을 굶겼으며 16살이나 된 아들이 하교 후 다른 곳으로 '새지(!)' 못하도록 데리러 가기까지 했다니 웬만한 '강남 엄마' 치맛바람 뺨치는 수준이다.

꽃과 파리지앵의 모습을 화폭에 많이 담았던 19세기 후반 프랑스 화가 앙리 팡탱 라투르가 그린 「테이블 옆에서」. 그림 맨 왼쪽의 남자가 베를렌, 왼쪽 두 번째가 랭보이다.

어머니의 지속적인 억압은 랭보의 내면에 있던 '중2병' 적 성향을 폭발시키는 결과를 낳는다. 그는 몇 번의 가출을 감행하면서 어머니에게 저항하기 시작했다. 또 자신에게 책을 읽히고 시의 세계를 알려주었던 스승 이장바르 선생이 대학 진학을 권유했음에도 끝끝내 거부하고 '견자의 편지'를 남긴 채 시인이 되겠다고 선언한다. 이 편지에서 랭보는 "전 제 자신이 견자가 되게끔 노력하고 있습니다. 고통이 따르더라도 모든 감각의 타락을 통해 누군가에게 도달하려는 생각입니다."라고 언급한다.

랭보의 작품세계를 이해하는 중요한 키워드 중 하나인 '견자(見者, voyant)'란 쉽게 말해 기존의 틀을 깨고 새로운 가치를 발견할 수 있는 이른바 '사상의 혁명가' 정도로 설명할 수 있다. 그는 "시인은 알려지지 않은 것들을 탐색하고, 설령 미친다고 하더라도 끝내 자신의 시각에 대한 이해를 잃어가며 스스로를 견자로 만든다."고 편지에 썼다. 그리고 견자가 되기 위한 과정으로 사랑과 고통, 광기 등을 들었다.

랭보는 자신이 견자라고 여긴 상징주의 시인 폴 베를렌에게 자작시 몇 편을 보내고, 관심을 보인 베를렌의 초청에 따라 파리에 입성하게 된다. 랭보와의 첫 만남에서 베를렌은 압생트 한 잔을 권하는데 그는 이 술을 "시인의 제3의 눈"이라 표현했다고 한다. 랭보와 베를렌은 '녹색의 마주'라고 불리던 압생트에 취한 채 시와 예술을 논했다. 그러나 당시 파리의 시인들 사이에서 랭보의 시는 그다지 높은 평가를 받지 못했으며, 이는 후일 랭보가 문학과의 인연을 끊는 데 일조한다. 어쨌든 함께하는 시간이 길어지면서 두 사람의 관계는 차츰 단순한 동료 예술가가 아닌 연인으로 발전한다.

그러나 세상은 동성 간의 사랑을 허락하지 않았던 데다 베를렌은 아내와 랭보 사이에서 갈피를 잡지 못하고 부유했다. 반쯤은 광기에 빠진 상태로 이어졌던 이들의 연애는 베를렌이 총으로 랭보의 손에 구멍을 내면서 끝나게 된다. 이 사건으로 재판을 받은 베를렌은 의사에 의해 동성애를 한 것까지 밝혀지면서 2년을 감옥에서 보냈다.

두 사람의 관계에 세상 사람들은 경악을 금치 못했다고 하는데, 그 이유는 동성애 자체보다 꽃미남 소년 랭보가 아닌 수염 난 아저씨 베를렌이 '수'였다는 것이다(직접 설명하기는 약간 민망하니 무슨 소린지 모르는 분은 주변의 오타쿠 친구에게 문의하기 바란다). 그리고 출소 후 독실한 기독교인으로 변신한 베를렌을 랭보는 '가짜 견자'라고 비웃으며 그의 곁을 떠난다. 랭보의 가장 유명한 시집 『지옥에서 보낸 한 철』은 베를렌과의 사랑과 이별을 소재로 한 것이다.

랭보와 베를렌이 연인이 됐던 것이 어쩌면 필연적인 사건이었다고 느껴지는 이유는 이 두 사람이 프랑스 상징주의 문학의 포문을 연 대표적인 시인이기 때문이다. 그보다 앞 시대의 시인 샤를 보들레르는 「악의 꽃」을 통해 '예술이 반드시 아름답고 선한 것이어야 하는가?'라는 의문을 처음으로 제기한다. 그의 시들은 풍속을 문란하게 했다는 이유로 일종의 필화 사건까지 일으켰다. 하지만 프랑스 문학계에 보들레르가 남긴 족적은 커서, 후대의 시인들은 형식을 파괴한 자유시를 쓰기 시작했으며 관념에 비중을 둔 새로운 조류를 만들어갔다. 상징주의 문학의 시대가 열린 것이다.

랭보는 이런 상징주의의 기조에 '견자의 미학'이라는 자신만의 시풍을 더해 독특하고 몽환적인 작품들을 써낸다. 랭보가 문학에 이별을 고한 작품인 「지옥에서 보낸 한 철」에서는 "저는 지옥의 남편의 노예예요. 그는 바보 같은 처녀들을 유혹했어요. (중략) 전 모든 지혜를 잃어버렸고 저주를 받은 데다 세상에서 죽은 거나 마찬가지예요."라는 말로 시의 세계에서 느꼈던, 결국은 식어버린 열정을 노래했다.

상징주의 시를 논할 때 함께 따라오는 개념이 퇴폐적인 성향을 뜻하는 '데카당스'이다. 데카당스 예술가들은 기존의 질서와 균형을 거부하고 관능과 성도착, 기괴함, 반사회적인 것에 탐닉했다. 또 세기말이라는 특수한 상황이 사회 전반을 불안하게 만들면서 데카당스는 마치 열병처럼 전 유럽에 퍼져 나갔다.

세상의 모든 권위와 틀을 파괴하기를 원했던 랭보 역시 데카당스 성

압생트를 사랑했던 화가 빈센트 반 고흐가 그린 「압생트와 카페 테이블」(1887).

에드거 드가가 그린 「압생트 한 잔」(1876).

향을 띤 예술가로 볼 수 있을 것이다. 데카당스에 경도된 예술가들 사이에서 이른바 '잇 아이템'으로 불린 것이 랭보와 베를렌이 즐겨 마셨던 압생트(absinthe)이다. 쑥(wormwood)으로 만든 리큐르의 일종인 압생트는 오늘날 연예인과 대마초 논란처럼 적지 않은 파장을 일으킨 장본인이기도 하다.

리큐르란 증류주에 과일이나 꽃, 허브 등을 넣어 맛과 향을 낸 술을 뜻한다. 근대 유럽에서 리큐르는 대부분 약용으로 만들어진 것이 시초이며, 압생트는 피에르 오디네르라는 스위스 의사가 일종의 만병통치약처럼 팔기 시작했다고 한다. 압생트는 쑥의 줄기와 잎을 잘게 썬 다음 고농도의 알코올을 부어 추출하고, 방향 성분이 녹아 있는 추출액을 다시 증류해서 만든다. 알코올 도수는 45~74%로 제조사마다 차이가 있다. 연한 초록색을 띤 압생트는 아니스 향기와 약간의 쓴맛이 나며 식욕을 돋우고 위액 분비를 촉진하여 식전주로 많이 이용된다.

압생트는 19세기 중반 알제리 전쟁 당시 프랑스 군대에서 약으로 쓰였으며, 전쟁 후 때마침 포도나무에 번진 필록세라 병으로 와인 품귀 현상이 일어나자 값싼 서민의 술로 자리매김하게 된다. 19세기 파리의 예술계에서 압생트는 그야말로 최고의 인기 스타였으며, 랭보는 압생트의 취기를 "가장 우아하고 하늘하늘한 옷"이라고 묘사했다. 랭보 뿐 아니라 빈센트 반 고흐와 툴루즈 로트레크 등 수많은 예술가들이 압생트를 즐겨 마셨다고 한다.

압생트를 마시는 방법은 조금 독특하다. 술잔 위에 작은 구멍이 뚫린 숟가락을 걸친 후 여기에 각설탕을 놓고 물을 조금씩 떨어뜨리면서 설탕물이 녹아 들어가도록 한다. 그러면 초록색인 압생트는 조금씩 뿌연

압생트를 마시는 잔. 위에 스푼을 걸치고 각설탕을 올려놓은 다음, 물을 떨어뜨려 조금씩 녹여 마신다.

우윳빛으로 변한다. 이렇게 색이 변하는 현상은 그리스의 독주인 우조, 터키의 라키에도 나타나는데 이는 재료로 쓰이는 향신료인 아니스의 특정 성분 때문이라고 한다.

그러나 주재료인 쓴쑥에 포함된 투존(thujone)이라는 화학물질이 불안과 현기증, 근육장애 등을 일으킨다고 알려지면서 압생트는 점차 경계의 대상이 된다. 반 고흐가 귀를 자르고 자살한 원인으로 지목된 술도 압생트였다. 애초에 예술가들이 압생트를 많이 마셨던 이유도 투존 성분이 정신을 몽롱하게 만들면서 환각을 일으키기 때문이었다.

랭보와 베를렌이 참석한 파리의 시인들 모임에서는 「초록빛 압생트」라는 제목의 시가 낭독됐다.

초록빛 압생트는 저주의 음료
혈관을 타고 흐르는 죽음의 독약

아내와 자식은 빈민굴에서 울고 있는데

주정뱅이는 압생트를 머릿속에 부어 넣는다

급기야 압생트는 한 끔찍한 사건에 연루(?)되면서 주류계에서 퇴출당한다. 1905년 스위스의 한 농부가 부인과 두 딸을 총으로 살해하는 비극적인 사건이 일어났다. 현장에는 압생트 외에도 와인과 코냑 수십 병이 뒹굴고 있었으나 언론은 이 비극의 유일한 원인이 압생트인 것처럼 호도했고, 유럽 각 나라들과 미국에서 압생트는 금지 품목이 됐다.

그러나 후대에 와서 압생트에 들어 있는 투존 성분의 악영향이 어느 정도 과장됐다는 것이 밝혀졌다. 즉 다른 술처럼 지나치게 섭취하지만 않는다면 부작용이 크지 않다는 것이다. 사실 압생트가 위험한 술로 지목된 배후에는 와인 생산자들의 입김이 작용하기도 했다. 결국 유럽에서는 1980년대에 압생트 생산 금지령이 풀렸으며 2000년대 이후에는 미국에서도 생산을 허가했다. '녹색의 요정'으로 불리며 수많은 루머를 낳았던 압생트에는 이런 숨겨진 뒷이야기가 있다.

천재시인 랭보의 삶에도 사람들에게 잘 알려지지 않은 부분이 많다. 그가 시인으로 활동한 기간은 10대 중반부터 20대 초반까지 불과 5~6년이다. 베를렌과의 관계가 끝나면서 시와도 절연한 랭보는 맨발로 유럽을 떠도는가 하면 네덜란드의 식민지 용병으로 자원해 자바로 떠났다가 탈영해 고국으로 돌아온다. 고향에 머물 때는 벽장에 들어간 채 밤낮없이 독서를 하는 등 그의 기행은 계속됐다.

방랑하는 삶을 이어가던 랭보는 아라비아 반도와 아프리카를 잇는 아덴만 인근 지역(오늘날 예멘) 등지에서 프랑스인이 세운 회사에서 근무

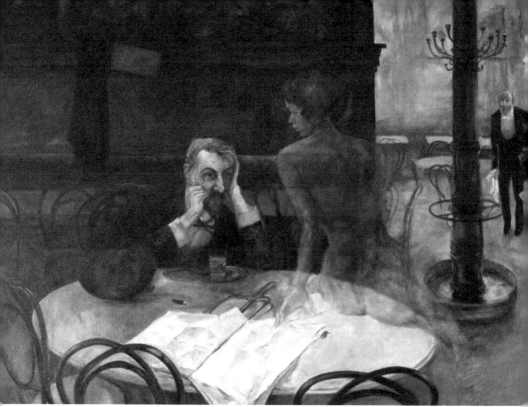

체코 출신의 화가 빅토르 올리바가 그린 「압생트 마시는 사람」(1901).

하다가 나중에는 하림(커피를 선별하고 양을 측정하는 작업장)을 감독하는 일
을 맡게 된다. 사업에 손을 대기도 했지만 별다른 성공을 거두지는 못
했으며, 유랑 끝에 그의 건강은 심하게 악화돼 1891년 37살의 젊은 나이
로 사망했다. 죽기 직전의 그는 시인 시절의 풋풋한 모습을 찾아볼 수
없는 폐인의 몰골이었다고 전해진다.

　짧은 기간 시를 위해 자신을 불태우다 결국은 한 곳에 정착하지 못하
고 구름처럼 방랑한 시인 랭보. 그의 삶은 녹색의 요정 압생트만큼이나
매력적이고 퇴폐적이었으며 위험천만한 것이었다.

8. 디킨스가 차린 크리스마스 만찬
_ 빅토리아시대 영국 음식 문화의 빛과 그림자

"난 저 애를 잡아먹고 싶단 말이야."

찰스 디킨스의 소설 『올리버 트위스트』(1838)에서 한 굶주린 소년은 이렇게 섬뜩한 말을 내뱉는다. 소름끼치면서도 한편으로는 측은지심을 느끼게 하는 그의 말에, 우리의 주인공 올리버는 자기가 보육원 아침 식사로 나오는 죽을 더 얻어오겠다며 소년을 달랜다.

그러나 죽을 더 달라고 용기 내어 말한 대가는 참혹했다. 올리버는 수십 차례 매질을 당하고 골방에 갇혀 하루를 보낸다. 아이들에게 본보기로 구경거리가 됐음은 물론이다. 결국 보육원에서 쫓겨나 장의사 집으로 가게 된 올리버가 겪는 여정은 상상도 하기 힘든 고난의 연속이다.

그러나 이 작품을 단순한 성장소설로만 읽을 수 없는 것이 디킨스가 묘사한, 올리버와 고아들이 당한 고통은 허구가 아니라 끔찍하게도 '실제 상황'이었다. 산업혁명 당시 영국 노동자의 평균 수명은 28살에 불과했다. 성인이 일찍 죽어서가 아니라 영아 10명 중 9명이 세상 공기도 제대로 느끼지 못한 채 숨을 거두었고, 간신히 살아남은 아이들도 영양실조와 아동학대 때문에 생명을 이어가기 버거웠던 환경 탓이었다. 화려한 산업혁명의 이면에는 이처럼 참혹한 그늘이 숨어 있었다.

인클로저 운동 이후 몰락한 영세농들은 도시로 흘러들어와 공장 노동자로 생활하게 된다. 먹고 살 길이 막막했던 이들에게 고용주들은 싼값에 일을 시킬 수 있었으나 받는 월급에 비해 대도시의 생활비는 턱없이 비쌌다. 투기를 목적으로 지어진, 쪽방처럼 다닥다닥 붙은 집이 노동자들의 생활공간이 됐으며, 당연히 이런 곳의 위생 상태는 말 그대로 시궁창이었다.

그나마 이런 집도 구할 수 없는 가족들은 아버지를 따라 아내와 어린 아이들까지 함께 공장에 취업해야 했다. 오갈 데 없는 고아들은 '구빈원'이라고 불리던 고아원에서 사실상 보호가 아닌 노역을 당했다. 또 공장에서 일하는 어린 아이들은 체구가 작다는 이유로 종종 기계 안에 들어가 위험한 작업을 하다가 다치거나 목숨을 잃기 일쑤였다.

이처럼 하루하루를 고되게 살아가던 노동자 가족들에게 제대로 된 요리를 할 여유 따위는 없었을 것이다. 또 오늘날 영국 음식이 '혀에 대한 테러'라는 악명을 갖게 된 원인을 이 시기의 빈곤 탓으로 보는 이들도 적지 않다. 당시의 모습을 묘사한 프랑스 화가 귀스타브 도레의 판화를 보면 이들은 대부분 시장에서 선 채로 간단하게 끼니를 때우고 있다. 당시 사람들은 값이 저렴했던 생굴과 오렌지를 주로 먹었다며 하며, 생강이 들어간 진저비어도 이 무렵 탄생했다. 하지만 일부에서는 빈곤

귀스타브 도레가 판화로 제작한 19세기 런던 풍경. 쪽방촌처럼 작은 집들이 다닥다닥 붙어 있고 남루한 옷차림의 사람들이 한데 모여 지냈다.

한 사람들의 식생활이 부실한 것은 영국만의 문제가 아니었다는 반박도 제기된다.

어쨌든 산업혁명과 두 차례의 세계대전 등 격변기를 거치면서 각 지역의 전통 레시피가 상당 부분 사라지고, 바쁜 생활로 인해 음식문화에 대한 영국인들의 관심이 줄어들었다는 것만큼은 우리가 '팩트'로 받아들일 수 있는 부분이다.

『올리버 트위스트』의 작가 찰스 디킨스는 바로 이런 시절에 유소년

19세기 미국의 초상화가인 프랜시스 알렉산더가 그린 찰스 디킨스의 초상화(1842).

기를 지녔으며, 그의 실제 삶은 작품 속 주인공들 못지않게 비참했다. 디킨스는 1812년 영국에서 하급 관리의 아들로 태어났으나 감옥에 간 아버지 때문에 12살의 나이로 구두약 공장에서 일하며 생계를 유지한다. 그때의 경험은 『올리버 트위스트』뿐 아니라 『위대한 유산』 등 다양한 작품에 녹아 있다. 『위대한 유산』 초반부에는 주인공 핍의 누나가 빵에 버터를 바르고는 야박하게도 여분의 버터를 칼로 싹싹 긁어내는 장면이 나오는데, 아무래도 작가 자신이 어린 시절 겪은 일이 아닐까 생각하게 된다. 그의 다른 작품들에도 음식은 가난을 묘사하기 위한 소재로 자주 등장한다.

찰리 채플린의 영화 「키드」(1921)는 빈민굴에서 살아가는 가난한 소년 이야기를 담고 있는데 이는 디킨스에 대한 오마주라고 한다. 채플린

또한 영국의 가난한 가정에서 불우한 어린 시절을 보냈다가 영화감독 겸 배우로 성공한 입지전적 인물이다.

우리에게 디킨스, 하면 떠오르는 소설은 아마 「크리스마스 캐럴」일 것이다. 구두쇠 영감 스크루지가 자신의 과거, 현재, 미래를 보며 지금까지의 삶을 후회하고 선한 사람으로 거듭난다는 이야기는 문화권을 초월해 감동을 주었다. 이 작품에서 디킨스는 크리스마스 파티 상에 차려진 음식 묘사에 상당히 공을 들이고 있다. 이를 두고 가난했던 어린 시절에 대한 보상심리 때문일 것으로 해석하는 사람들도 있으나 화려하고도 세심한 음식들은 디킨스 자신의 경험과 동시에 시대상을 반영한 부분이기도 하다.

두 번째 유령인 현재의 유령을 만난 밤, 스크루지의 눈앞에는 갑작스럽게 호화스러운 성찬이 차려진다. 덩치가 크고 호탕해 보이는 인상의 유령은 왕관을 쓰고 파티 의상 같은 초록색 옷차림으로 스크루지를 맞는다.

마치 왕좌와 같은 형태를 이루며 바닥에서 쌓아 올려지고 있는 것들은 칠면조와 거위, 들짐승과 가금류, 멧돼지, 커다란 구운 고기, 젖먹이 돼지, 기다란 소시지, 민스 파이, 플럼 푸딩, 생굴, 군밤, 빨간 사과, 오렌지, 감미로운 배, 왕관으로 장식된 케이크, 볼에 넘쳐나는 펀치였다. 이것들은 맛있는 공기를 뿜어내며 방 안을 흐릿하게 만들고 있었다.

_「크리스마스 캐럴」 본문 중에서

현재의 유령은 스크루지를 데리고 비서인 밥 그라칫의 집으로 향한다. 이들 가족은 마침 크리스마스 파티 준비에 한창이었다. 조금 전의 호화로운 파티상에 비하면 초라해 보이는 식탁이지만 그들은 누구보다도 만족스럽고 행복해 보이는 표정이다. 평범한 거위 통구이에 깃털로 장식을 하고, 크라칫 부인은 그레이비 소스를, 다른 가족들은 각자 감자를 으깨고 애플 소스에 설탕을 넣는 등 각자 부산하게 음식을 마련한다. 만찬 메뉴의 마지막으로, 잘 만들어질까 조마조마했던 크리스마스 푸딩이 그럴듯하게 완성되자 크라칫 부인은 의기양양해진다.

이 집에서 거위를 먹는 것은 검은 고니에 비견할 수 있을 정도의 사건이었다. 크라칫 부인은 미리 소스 냄비에 넣어 두었던 그레이비를 따뜻하게 데웠다. 피터는 믿어지지 않을 만큼 힘차게 감자를 으깼고, 벨린다는 사과 소스에 설탕을 넣어 달콤하게 만들었다. (중략) 크라칫 부인이 거위의 가슴을 푹 찔러 오랫동안 고대했던 거위 뱃속을 채운 소가 앞으로 주르르 흘러내리자 모두가 기쁨에 차서 술렁거렸다.

_「크리스마스 캐럴」 본문 중에서

오늘날 우리가 알고 있는 트리 만들기, 산타 할아버지의 선물, 카드 교환 같은 크리스마스 풍속은 대부분 빅토리아 여왕 시대에 만들어졌다. 당시의 영국은 산업혁명으로 인한 급속한 경제 번영과 함께 밖으로는 식민지를 개척하며 '해가 지지 않는' 대영제국의 명성을 쌓아가고 있었다.

1843년에 출간된 「크리스마스 캐럴」 초판에 실린 일러스트. 현재의 유령이 왼쪽 발로 밟고 있는 것이 트웰프스 케이크다.

빅토리아 여왕의 남편인 앨버트 공은 독일의 크리스마스트리 관습을 영국에 들어온 장본인이다. 그밖에도 왕실에서는 크리스마스에 즐기는 특별한 만찬을 도입했으며, 설탕 아이싱을 입히고 2개의 왕관으로 장식한 트웰프스 케이크는 풍요로운 시대를 상징하는 과자가 됐다. 이렇게 크리스마스는 19세기 이후 서서히 축제 성격이 강해졌고, 지금도 영국에서는 크리스마스 다음 날을 '복싱 데이(Boxing Day)'라고 해서 우편배달부나 고용인, 노동자들에게 선물을 주는 날로 정하고 있다.

세 번째 유령과 함께 등장하는 화려한 음식들은 실제로 빅토리아 시대에 상류층에서 즐겼던 크리스마스 만찬이었다. 고기 종류가 유난히 많이 나오는 것을 보면 당시 사람들이 육식을 특히 즐겼음을 알 수 있다. 사실 지금도 영국을 대표하는 메뉴 하면 로스트 비프를 들 정도로 영국 요리에는 고기의 비중이 큰 편이다. 그중에서도 칠면조는 알 만한 사람은 다 아는 서양식 명절 메뉴이다. 그런데 칠면조가 추수감사절과 크리스마스 필수 아이템이 된 것은 아무래도 맛보다는 실용성 때문일 것 같다.

칠면조를 닭고기 굽듯이 그냥 구우면 퍽퍽한데다 맛도 심심하다. 그래서 칠면조를 요리할 때는 당근과 셀러리, 버섯 같은 향미 채소와 밤, 각종 허브, 주사위 모양으로 자른 빵조각(보통 바게트처럼 딱딱한 빵) 등을 채워 넣어 맛을 더한다. 빵을 넣으면 육즙을 흡수해 식감이 좋아진다. 이 '스터핑'은 재료를 일일이 썰어서 따로 조리해야 하기 때문에 상당히 손이 많이 간다. 무게만 10킬로그램에 이르는 고기에 양념을 하고 속을 채워 넣는 작업도 만만한 일이 아니다. 닭볶음탕용 1킬로그램짜리 닭고기 10마리 크기 만한 새가 눈앞에 놓여 있다고 상상해보라.

빅토리아시대의 영국 화가 앨버트 슈발리에 테일러가 그린 「크리스마스트리」(1911).

하지만 이 엄청난 양의 칠면조는 일가친척이 다 같이 모여 만찬을 나누는 데는 안성맞춤이었을 것이다. 또 우리나라에서 명절 직후 요리 프로그램에서 남은 차례 음식 처리법을 알려주듯, 유럽과 서구 지역에서는 칠면조 요리 재활용 방법을 알려주기도 한다. 영국의 유명 셰프 제이미 올리버의 레시피 중에는 칠면조 살을 가늘게 찢어 샐러드에 넣는 것이 있다. 또한 미국에서 칠면조는 한국의 닭가슴살처럼 다이어트 식품으로 여겨지기도 한다.

민스 파이는 조그만 타르트를 말한다. 크리스마스 만찬에는 나오지 않으나 작은 캔에 보관했다가 손님들에게 나눠준다. 원래는 다진 고기와 양념을 넣은 식사용 파이였으나 오늘날에는 파이 크러스트 안에 말린 과일이나 사과, 감귤류, 견과류, 약간의 브랜디를 넣은 디저트용으로 변모했다. 과일의 풍미가 진하며 계피와 생강 향이 나기 때문에 아이들보다는 어른들이 좋아하는 맛이다. 영국에는 크리스마스 이브에 산타를 기다리는 어린이들이 선물로 민스 파이와 셰리주 한 잔을 머리맡에 놓아두는 귀여운(!) 풍습이 있다.

힌디어로 숫자 5를 뜻하는 펀치는 쉽게 설명하자면 나이트클럽 등에서 나오는 화채 같은 음료라고 보면 된다. 딱히 정해진 레시피는 없으며 2~3종류, 또는 그 이상의 양주나 리큐르를 섞고 각종 과일과 향신료로 맛을 낸다. 여러 가지 재료를 넣기 때문에 굳이 좋은 술이 필요하지는 않다. 럼과 브랜디, 값싼 와인 등이 주재료이며 디킨스는 진을 넣은 펀치를 즐겼다고 전한다. 어린이들을 위해 알코올 음료가 들어가지 않은 펀치도 있으며, 넓게 보면 스페인의 과일 와인인 샹그리아나 프랑스의 뱅쇼 등도 펀치의 범주에 넣을 수 있다. 「크리스마스 캐럴」에는 '스모킹 비숍'이라는, 와인에 육두구와 계피, 생강, 정향 등을 넣어 뜨겁게 마시는 음료도 나온다.

디킨스가 묘사한 크리스마스 메뉴 중 가장 낯설고도 환상적인 음식은 '플럼 푸딩'이라고도 불리는 크리스마스 푸딩일 것이다. 푸딩이라는 이름이 붙어 있으나 실제로는 빵에 가까운 이 음식은 육두구, 계피, 정향 같은 향신료에 건포도와 체리 등 말린 과일, 오렌지 껍질, 견과류등 그 시절 비싸기로 이름난 재료들을 잘게 다진 다음, 소의 신장에서

찰스 에드먼드 브룩(1870~1938)이 그린 「크리스마스 캐럴」 일러스트. "얼굴에 홍조를 띠고 자랑스러운 미소를 지은 크라칫 부인이 맨 꼭대기에는 크리스마스 호랑가시나무 장식을 꽂고 브랜디를 반 파운드 넣어 불을 붙인, 작은 반점들로 덮인 대포알처럼 생긴 굳고 단단한 푸딩을 들고 방으로" 들어오는 장면이다.

나온 지방으로 뭉쳐 빵처럼 반죽해서 만든다. 이 반죽을 6시간동안 쪄 낸 후 3주가량 말리는 과정을 거치며, 먹을 때는 독한 럼주나 브랜디를 듬뿍 붓고 불을 붙여 타오르는 모습을 감상한다고 한다. 만드는 과정이 꽤 까다로운 모양인지 소설 속에도 크라칫 부인과 아이들은 푸딩이 무사히 완성되었는지 숨을 죽이며 지켜본다.

> 아직 익지 않았으면 어떻게 하지! 푸딩을 뒤집다가 부서뜨리기라도 하면 어떻게 하지! (중략) 만세! 엄청나게 피어오르는 저 김 좀 봐! 푸딩이 솥 밖으로 나왔다. 빨래하는 날 같은 냄새가 퍼졌다. 푸딩을 덮었던 면 보자기에서 나는 냄새였다. (중략) 30초도 안 되어 얼굴에 홍조를 띠고 자랑스러운 미소를 지은 크라칫 부인이 맨 꼭대기에는 크리스마스 호랑가시나무 장식을 꽂고 브랜디를 반 파운드 넣어 불을 붙인, 작은 반점들로 덮인 대포알처럼 생긴 굳고 단단한 푸딩을 들고 방으로 들어왔다.
>
> _「크리스마스 캐럴」본문 중에서

지금도 런던에 가면 디킨스가 즐겨 찾았다는 〈룰스〉라는 레스토랑이 무려 200년이라는 위용을 자랑하며 건재하다. 템스 강 상류에서는 찰스 디킨스의 손자 세드릭 디킨스가 개업한 〈디킨스 인〉이라는 펍도 만날 수 있다. 풍요와 빈곤이 공존하던 산업혁명의 시대는 지나갔지만 그가 의문을 던졌던 인간 존엄에 관한 물음들은 오늘날에도 유효하다.

9. 망국의 한을 달랜 냉면 한 사발

_ 고종 황제의 '초딩' 입맛과 냉면 이야기

한 촌사람 하루는 성내 와서 구경을 하는데

이 골목 저 골목 다니면서

별별것 보았네

맛 좋은 냉면이 여기 있소

값싸고 달콤한 냉면이오

냉면 국물 더 주시오 아이구나 맛좋다

냉면 냉면

물냉면에 불냉면에 비빔냉면 회냉면

수염이 석자라도 먹어야 산답니다.

이촌바위 혹하여 들어가서

냉면을 시켰네

한참이나 맛있게 잘 먹다가

재채기 나왔네

맛좋은 냉면이 여기 있소

값싸고 달콤한 냉면이오

냉면 국물 더 주시오 아이구나 맛좋다

냉면 냉면

물냉면에 불냉면에 비빔냉면 회냉면

수염이 석자라도 먹어야 산답니다.

노래기 콧구멍에 나오는 걸

손으로 빼냈네

줄줄줄 빼낸다 또 빼진다

아직도 빼낸다

맛 좋은 냉면이 여기 있소

값싸고 달콤한 냉면이오

냉면 국물 더 주시오 아이구나 맛좋다

냉면 냉면

맛좋은 냉면이오.

_ 가곡 「냉면」(박태준 작사, 외국곡)

이름만 들어도 가슴이 시원하고 달콤함이 느껴지는 음식이 냉면이
다. 그런데 100여 년 전 우리나라에는 타들어가는 속을 냉면 한 그릇으
로 달래야 했던 인물이 있었다. 망국의 수치를 맞은 비운의 군주, 고종

이다. 을사늑약을 무효화하려는 실낱 같은 희망으로 헤이그에 파견한 밀사들은 뜻을 이루지 못했고, 결국 강제로 양위를 해야 했던 고종은 덕수궁에서 쓸쓸한 말년을 보낸다. 조선이 사실상 국권을 잃은 을사년의 겨울은 말 그대로 '을씨년스럽기' 그지없었을 것이다.

고독하고 막막한 처지를 달래기 위해 고종은 자동차에 취미를 붙이는가 하면 아마도 우리나라 최초의 커피 마니아라고 부를 수 있을 만큼 커피를 즐겼다. 소일거리 중에는 맛있는 음식을 먹는 일도 포함돼 있었다. 고종은 수라를 드는 동안 궁녀들에게 재미있는 이야기를 하거나, 음식 맛이 좋으면 당직 수라간 나인을 불러 칭찬하기도 했다고 한다.

구한말 삼정이 문란해지고 세도정치로 왕권이 땅에 떨어진 시절, 조선에는 그 어느 때보다 유능한 군주가 필요했으나 26대 왕이 된 고종은 너무나 평범한 군주였다. 그는 인조의 삼남인 인평대군의 후손, 즉 방계 혈족으로 원래는 왕위와 거리가 멀었으나 할아버지 남연군이 순조에 의해 은신군의 양자가 되고, 철종이 후사 없이 죽자 조대비 신정왕후의 양자로 입적돼 왕위에 오르게 되었다. 이 복잡한 과정에는 아버지 흥선대원군의 치밀한 계획이 있었다. 그러나 야심도, 강력한 의지도 배우지 못한 채 평범하게 자라난 소년에게 난세의 임금이라는 자리는 너무나 버거웠을 것이다.

제국주의 일본의 침략과 집권층의 무능, 여기에 민심의 이반이 겹치면서 19세기 말의 조선은 그야말로 평지풍파를 겪는다. 그 와중에 고종은 아버지와 아내인 왕비 민씨의 권력 다툼에 끌려다니는가 하면, 일제에 의해 반강제로 개항을 하게 됐다. 국토가 열강에 의해 짓밟히는 모습을 지켜봐야 했으며 왕비 민씨가 낭인들에게 처참하게 살해당하는

고종 일가. 왼쪽부터 영친왕, 순종, 고종, 순정효황후 윤씨(순종비), 덕혜옹주의 모습이다.

일까지 겪는다. 아들인 영친왕은 일본에 볼모로 끌려가고 늦둥이 딸 덕
혜옹주마저 강제 유학을 가는 등 자녀들의 삶도 순탄치 못했다.

고종에 대한 오늘날의 평가는 엇갈린다. 그래도 일제에 끝까지 저항
했다는 동정론과, 권력 유지에 집착해 위기의 시절을 버티지 못하고 결
국 나라를 말아먹은 무능한 군주라는 비판론이 그것이다. 특히 민씨 일
가의 부정부패와 매관매직을 방관한데다 청나라를 끌어들여 동학농민
운동을 진압하는 등 우유부단한 외교 행각으로 국토를 외세의 위협에
노출시킨 것, 입헌군주제를 주장하는 독립협회를 해산시킨 것 등은 대
표적인 실정으로 꼽히고 있다. 반면 근대화를 위해 실시한 각종 개혁 정
책들은 별다른 성과가 없었다.

고종이 덕수궁 함녕전에 머물던 당시 왕을 모시던 측근들의 증언을
따르면 고종의 입맛은 요즘으로 치면 '초딩 입맛'에 가까웠던 듯하다.

그는 맵고 짠 것을 싫어했으며 술은 전혀 입에 대지 못했다고 한다. 다만 고기는 그다지 좋아하지 않아 동치미 국물로 만든 냉면을 즐겼고, 겨울철에는 온면과 설렁탕을 주로 찾았다고. 단 것도 좋아했는지 식혜를 자주 마셨다는 이야기도 있다. 고종이 죽기 직전 목이 마르다며 마셨던 식혜는 독살설을 뒷받침하는 근거로 제기되곤 한다. 특히 냉면은 고종이 가장 사랑한 음식이었으며 궁녀들과 윷놀이를 하며 새참으로 냉면을 시켜다 함께 먹었다고 전해진다.

인류 역사에서 차갑게 먹는 국수(냉국수)가 처음 등장하는 것은 당나라 때인 8세기이다. 당시 두보가 쓴 시에는 푸른 괴나무(회나무) 잎을 갈아 만든 차가운 국수인 괴엽냉도(槐葉冷淘)라는 단어가 나온다. 한편 냉국수가 한반도에 전래된 것은 고려 말 몽골에서라고 한다. 1849년에 당시의 연중행사와 풍속을 정리한 홍석모의 『동국세시기(東國歲時記)』에는 흰 깨를 갈아 오이, 호박 등 여름 채소와 닭고기를 넣어 밀면을 말아 먹는 음식이 나온다. 이에 앞서 1670년에 장계향이 지은 『음식디미방(飲食知味方)』에도 깻국을 차게 해서 녹말국수를 띄워 먹는 '토장 녹도나화'라는 음식이 묘사돼 있다.

『동국세시기』에 등장하는 냉면은 "겨울철 시식으로 메밀국수에 무김치와 배추김치를 넣고, 돼지고기를 얹었다."고 언급됐다. 또한 1848년 헌종 시절에는 순조비 육순과 익종비 망오(望五, 41살) 축하잔치에 냉면을 올렸다는 기록도 있다. 여기에 나오는 냉면은 돼지다리와 양지머리로 낸 육수에 배추김치와 배를 올렸다고 한다. 메밀이 면의 주재료가 된 이유는 당시에 밀가루가 귀했기 때문이었을 것이다.

고종이 좋아했다는 냉면은 조금 특별하다. 배를 많이 넣어 달고 시원한 맛을 강조한 것. 고종의 8번째 후궁인 삼축당 김씨는 "배를 많이 넣어 담근 동치미국이 특징이며 편육을 열십자 형으로 얹고 수저로 둥글게 떠낸 배와 잣을 가득 덮었다."고 전한다. 여기에 달걀 황백지단을 썬 꾸미가 곁들여졌다.

한때 우리나라에서는 고구마 전분으로 면을 뽑아낸 함흥냉면이 대세였으나 몇 년 전부터 심심한 국물 맛에 구수한 메밀의 향을 느낄 수 있는 평양냉면 마니아가 늘어나는 추세다. 취향에 따라 다르기는 하지만 함흥냉면은 매콤달짝지근하면서 쫄깃한 면발을 즐기는 비빔냉면이, 평양냉면은 육수 맛으로 먹는 물냉면이 제 맛이라고 한다.

최근의 냉면계는 평양냉면이 평정하고 있는 듯하다. 이른바 '평뽕'이라는 말이 유행할 정도로 많은 사람들이 평양냉면에 매료돼 있다. 이 평양냉면 붐에는 약간 과열 양상도 보이고 있어서 맵고 단 비빔냉면을 즐기는 사람들을 초딩 입맛으로 비하하는가 하면 제대로 된 육수 맛을 느끼기 위해서는 겨자도, 식초도 넣지 말라고 강요하는 이들을 가리키는 '면스플레인'이라는 신조어까지 생겨났다.

그런데 정확히 말하면 〈을밀대〉나 〈우래옥〉에서 파는 냉면은 전통 방식의 평양냉면과는 차이가 있다. 냉면이 원래 이북 음식이다 보니 70년 가까이 남북이 떨어져 지내는 동안 각기 다르게 진화해온 것이다. 중국에서 북한식 냉면이라고 파는 냉면 맛은 또 달라서, 조선족들이 자기네 방식으로 변형시켰다. 이 냉면은 전분이 많이 포함된 면발에 빨간 김칫국물이 풀려 있다. 서울에서 먹는 것 같은 평양냉면을 기대하고 시킨다면 실망스러울 것이다.

직접 북한에 가서 오리지널 평양냉면을 맛본 사람들의 말로는 남한

서울의 한 평양냉면 전문점의 물냉면. 살얼음 육수에 달걀 등의 고명이 있다.

에서 맛보는 평양냉면에 비해 맛이 상당히 심심하다고 한다. 북한의 식량 사정이 좋지 않다보니 고기육수보다 김칫국물의 비중이 더 높기 때문이다. 한우 양지 등으로 진한 국물을 낸 서울식 평양냉면은 '만약 분단도 전쟁도 없었다면 오늘날 이런 맛이 됐을 것'이라는 걸 보여주는 셈이다. 냉면 한 그릇에도 분단의 아픔이 숨어 있다.

냉면을 먹을 때의 화룡점정은 역시 달걀 반쪽이다. 거친 메밀이 위를 상하지 않게 하도록 먼저 먹는 것이 정석이라지만, 면과 교대로 조금씩 베어 물며 노른자가 국물에 퍼지면 고소한 맛이 배가된다. 고명으로 올린 고기 한 점 베어 물고, 국물을 마시고, 구수한 면발을 씹다 보면 세상 근심이 다 잊힐 정도이다. 냉면 한 그릇은 고종 임금뿐 아니라 팍팍한 삶에 힘들어하는 이들에게도 치유와 위안의 음식이다.

고종이 냉면과 식혜로 시름을 달랬던 덕수궁 인근에는 끝나지 않는 사측과의 투쟁을 이어가고 있는 노동자들이 있고, 집이 없어 헤매는 노숙인들도 수두룩하다. 일제 강점기와 비교할 바는 아니겠으나 '헬조선' 이라는 단어가 유행할 만큼 여전히 우리 국민들은 힘겨운 시간을 보내고 있다. 고종의 앞에 놓인 냉면 한 사발에는 달고 시원한 맛과 함께, 나라를 지켜내지 못했다는 쓰디쓴 회한도 어려 있지 않았을까.

10. 미식의 신세계를 열어젖힌 '꼰대'

_ 20세기 일본이 사랑한 미식가 기타오지 로산진의 소박한 까칠함

"원래 메밀을 먹을 때는 고명 따위 필요 없다. 이런 햇메밀이라면 더할 나위도 없겠지. 청순하고 고상한 메밀 풍미가 와사비와 대파 의 맛과 향기에 상하게 된다는 걸 몰랐단 말이냐? 이런 햇메밀에 고명 따위를 곁들이는 멍청한 짓을 하다니, 용서할 수 없다!"

정성들여서 손님상에 올린 음식에 이런 독설을 퍼부으면 어떤 일이 일어날까. 아마도 'XX동 메밀국수집'이라는 단어가 실시간 검색어에 오르며 독설을 한 장본인은 진상 손님으로 찍히고 말 것이다. 그의 행동은 단순한 진상 정도가 아니라, 식도락을 모른다며 나름 요식업계 전문가를 모욕하고 망신을 준 것이기도 하기 때문이다.

자신이 마치 식도락의 대가쯤 되는 것처럼 행동하는 이 꼰대는 바로 가리야 데쓰 원작, 하나사키 아키라 그림의 『맛의 달인』에 나오는 우미

하라 유우잔(일본 만화의 대표적 오역 사례로 '가이바라 유우잔'으로 읽는 게 맞다). 그는 주인공인 신문기자 지로(역시 '시로'의 오역)의 친부이며, 명성을 날리는 예술가에 깐깐한 미식가로 나온다. 이런 그의 캐릭터를 처음 접하는 독자들의 반응은 대부분 '좀 오버한다'는 것이다. 유우잔이 식도락을 모르는 이들에게 내뱉는 사자후는 평범한 사람들에게는 왠지 거부감이 들기 쉽다. 이런 거부감은 마치 흥행영화에 짠 평점을 매기는 영화평론가나, 대중음악은 수준이 낮다고 치부하는 꼰대들을 대할 때와 비슷한 경우다. 게다가 배경이 일본이다 보니 일본 식문화에 대한 숭배에 가까운 예찬은 한국인 독자들에게 어쩔 수 없이 껄끄럽게 다가오는 부분이있다.

게다가 알고 보니 『맛의 달인』속 꼰대 캐릭터가 심지어 실존 인물이었다! 우미하라라는 인물은 20세기 초 활약한 일본의 도예가 기타오지 로산진(1883~1959)을 모델로 하고 있다. 설정상 우미하라 유우잔의 스승인 당산 선생은 기타오지 로산진의 제자로 나온다. 실제 모델의 존재를 자연스럽게 작품 속에 녹여낸 셈이다. 비슷한 예로, 소년탐정 김전일이 허구한 날 외쳐대는 '할아버지'는 요코미조 세이시의 추리소설 시리즈에 나오는 탐정 '긴다이치 고스케'를 말한다.

실존인물 기타오지 로산진은 서구에도 이름이 알려진 천재적인 도예가면서, 일본 역사를 통틀어도 비슷한 예를 찾기 힘들만큼 미식에 살고 미식에 죽었던 인물이다. 사치가 죄악이던 시절임에도 미식을 추구했으니, 우리나라의 허균처럼 부잣집 한량이 아니었나 싶지만 뜻밖에 그의 어린 시절은 매우 불우했다. 1883년 교토에서 태어난 그는 태어나기 직전 아버지가 자살하고 생활고에 시달린 어머니에게 버림받는다. 곧

현대 일본 요리의 기본을 확립한 멀티 아티스트, 기타오지 로산진.

양부모를 찾아 입양됐으나 양아버지마저 실종된 이후, 이 집 저 집 전전하며 자라야 했다. 아마도 이런 성장 과정 탓에 로산진은 고집스럽고 독선적인 성격을 갖게 된 듯하며, 성인이 된 이후에도 다섯 번 넘게 이혼을 하고 친딸과 의절하는 등 순탄치 않은 삶을 살았다.

21살 되던 해 그는 일본 미술 전람회에 수상하면서 본격적인 서예가의 길을 걷게 된다. 로산진의 예술에 대한 열정은 대단해서 조선과 중국을 여행하며 다양한 형태의 글씨와 도자기에 대해 공부했으며, 이 과정에서 각 나라의 식문화에 대한 탐험도 함께 했다고 한다. 여러 곳을 떠돌며 얻은 요리 솜씨와 뛰어난 미각을 바탕으로 1925년 〈호시가오카 사료〉라는 이름의 회원제 요릿집을 열었다. 이 요릿집은 훗날 『맛의 달인』에서 우미하라가 운영하는 〈미식구락부〉의 모델이 됐다. 〈호시가오카사료〉에 담긴 로산진의 음식 철학은 흔히 말하는 '눈으로 먹는 일본 요리'의 진수를 보여준다고 할 수 있다. 로산진은 "요리는 혀뿐만 아니라 눈까지 즐거워야 한다."는 신념을 갖고 재료 선택과 조리, 음식을 담아내는 그릇까지 전 과정에 자신이 직접 개입했다.

하지만 아무리 예술가로서의 감각이 뛰어나다 하더라도, 매사에 완벽주의자인 상사 밑에서 일하는 아랫사람들은 말 그대로 죽을 맛이었을 것이다. 『맛의 달인』의 우미하라가 처자식을 학대에 가까울 정도로 대하며 요리와 예술에만 몰두했던 것처럼 로산진은 호시가오카사료의 점원들을 함부로 다루었다. 게다가 타협을 모르는 그의 성격은 손님이라 할지라도 제대로 맛을 즐기지 못하는 이에게 거침없는 독설을 날리게 했다.

결국 사장의 '성질머리'를 받아주다 지친 호시가오카사료 직원들은 1936년 로산진을 해고하고 만다. 독선적인 성격 탓에 자신이 스스로 세운 회사에서 쫓겨난 스티브 잡스와 유사한 케이스라 할 수 있다. 다만 잡스가 후일 남들과 소통하는 법을 배우며 유한 성격으로 변한 반면, 로산진은 경제난에 시달리면서도 직접 산속에서 재료를 채취해 요리를 하는가 하면 혼자서 도자기 제작에 몰두하는 등 여전히 자신만의 세계 속에서 살았다.

그럼에도 그가 지금까지 20세기 일본을 대표하는 위대한 미식가로 불리는 데에는 이유가 있다. 기교를 부리기보다는 재료 자체의 맛을 살리는 오늘날 일본 요리의 기본을 확립한 인물이기 때문이다. 예를 들어 생선 요리에 대한 일본 격언에는 '날로 먹어라, 구워 먹어라, 삶아 먹어라, 갖다 버려'라는 것이 있다. 최고의 재료일수록 인간의 손길을 최소화하는 것이 가장 좋다는 것이다.

이런 일본 요리의 특징은 전국시대 오다 노부나가에 관련한 야사에도 드러난다. 어느 날 쇼군의 요리사를 포로로 잡은 노부나가는 요리가 맛이 없다며 "당장 베어라."라고 명령했다. 다시 한 번 기회를 줄 것을 간청한 요리사가 두 번째 요리를 해 오자 이번에는 고개를 갸우뚱하더니 살려줬다는 것이다. 사람들이 이유를 묻자 요리사는 "처음에는 재료 그대로의 맛을 살렸더니 맛있는 줄을 모르더라. 촌놈이 맛을 이해할 리가 없지. 그래서 나중에는 양념을 진하게 했더니 맛있게 먹은 거야."라고 대답했다.

로산진 역시 "요리의 90%는 재료"라고 강조할 만큼 본연의 맛을 살리는 것을 중시했다. 그의 요리 제자 가운데 한 명은 가마쿠라에 있는 로산진의 집에서 요리를 배울 때의 에피소드를 이렇게 회고했다.

당시 나는 하루에 세 번 선생님의 식사를 준비했지만 단 한 번도 칭찬을 받은 적이 없다. 어느 날 텃밭에서 토란을 캐 껍질을 벗기고 삶은 다음, 다시마와 가쓰오부시로 진하게 낸 육수, 술, 그리고 소량의 미림과 우스쿠치 간장으로 맛을 내고 마지막으로 유자즙을 첨가해 토란 요리를 만들어 가져갔다. 선생님은 요리를 맛보더니 "음 맛있군." 하며 고개를 끄덕이셨다. 칭찬에 감동한 나는 "감사합니다."라고 대답했지만 선생님은 고개를 저었다. 뭔가 잘못했나 싶어 다시 깊이 머리를 숙이며 "정말 감사합니다."라고 했더니 선생님은 특유의 매서운 눈으로 나를 쳐다보면서 "아니야, 이

토란은 맛있는 토란이란 말이야." 라고 하셨다.

_ 박영봉, 『로산진, 요리의 길을 묻다』, 진명출판사, 2010.

이토록 맛에 대한 고집이 엄청났던 사람이니 일본 패전 후 물밀듯이 들어온 서양 음식 문화에 대해 그다지 호의적이지 않았던 것도 이해가 된다. 1954년 그는 록펠러재단의 초청으로 미국에서 전시회를 열게 됐고, 유럽에서 피카소와 샤갈을 만나기도 했다. 처음 맛본 본토 유럽 음식에 대해 그가 혹평만을 한 것은 아니다. 몇몇 요리들은 맛있다고 인정했으나 결정적으로 파리에서, 지금도 두고두고 회자되는 에피소드 하나를 남긴다. 그것도 프랑스대혁명이 일어나기 몇 백 년 전인 1582년에 세워져 지금도 그 위용을 자랑하는 일류 레스토랑인 〈라 투르 다르장〉에서 말이다.

앞에서도 말했듯이 〈라 투르 다르장〉은 수백 년 전부터 오리 요리와 그 피를 받아내 만든 소스로 이름을 떨친 곳이다. 루이 16세와 마리 앙투아네트도 이곳 요리를 즐겼으며, 애니메이션 「라따뚜이」의 배경이 되기도 했다. 이런 곳에서 로산진은 오리피로 만든 소스가 마음에 들지 않는다며 접시에 간장과 와사비를 개어 오리고기를 찍어 먹었다. 당연히(!) 종업원들이나 다른 손님들은 경악했고 『맛의 달인』 작가 가리야 데쓰는 만화 속에서 우미하라 유우잔에게 똑같은 행동을 시켰다.

로산진의 이 같은 자국 음식 사랑은 지금의 기준에서 볼 때 다소 지나친 면이 없지 않으나 고집 센 꼰대의 진상짓쯤으로 폄하하기에는 조금 망설여지는 것이 사실이다. 특히 요즘처럼 지구를 몇 바퀴 돌았을 법한 정체불명의 식재료들이 넘쳐나는 시대에 그의 철학은 가까운 곳에서

교토 료칸의 정식.

키운 건강한 농작물을 먹자는 로컬 푸드 운동과도 통하는 부분이 있다. 로산진이 살던 시대에는 집에서 직접 텃밭을 가꿔 채소와 과일을 키워 먹는 것이 그다지 낯선 풍경이 아니었을 것이며, 가까운 장터에는 가격 거품이 없고 믿을 수 있는 고기와 곡물들을 구할 수 있었을 것이다. 양적으로만 풍성해진 오늘날의 식문화를 돌아보면 현대인들 역시 로산진의 고집으로부터 무언가 배울 것이 있다는 점은 분명해 보인다.

　그의 식도락은 까다롭기 그지없는 것이었지만, 동시에 매우 소박하기도 했다. 특히 로산진은 이미 한 세기 전에 "설탕만 넣으면 맛있다고 믿는 오늘날 요리는 미각의 저하를 극단적으로 보여준다. 설탕은 질 떨어지는 식품을 속여 넘기는 잔꾀를 품고 있다."며 강한 양념에 대한 혐오를 감추지 않았다. 예를 들어, 갓 잡아 올린 싱싱한 생선이나 갓 찧은 쌀은 그것 자체만 먹어도 부족함을 느끼지 않을 정도로 맛이 좋다. 하지만 좋지 않은 재료를 이렇게 먹었다간 제 맛을 즐길 수 없다. 항상 최상의 재료를 구할 수는 없기에 식당 주인들은 인공적인 양념을 사용한다. 농·축산업이 기계화된 요즘 그의 주장은 배부른 소리처럼 들릴 수 있으나 궁극적으로 건강한 식생활을 위해 인간이 나가야 할 방향을 가르쳐주고 있기도 하다.

로산진이 추구한 삶 역시 화려함과는 거리가 있는 것이었다. 1955년 일본 정부는 그를 '인간국보(중요무형문화재 보유자)'로 지정했으나 형식과 권위를 극도로 싫어했던 로산진은 이를 끝까지 거부했다. 그에게 있어 도자기와 서예는 자신의 예술혼을 불태우는 대상이었을 뿐, 명예나 권위를 얻기 위한 수단이 아니었던 셈이다.

요즘으로 치면 막장 드라마 주인공 수준으로 불우한 어린 시절을 보낸 데다 평생을 따라다닌 경제난에, 복잡한 가정사를 갖고 있었음에도 예술과 미식에 대한 그의 열정은 식을 줄 몰랐다. 게다가 그가 살아온 시대는 사치를 금기로 여겼으며, 굶지 않고 먹을 수 있다는 것만으로도 감지덕지하던 시대였기에 맛있는 음식을 찾아 헤매는 행위 자체가 별스러운 것으로 여겨졌을 것이다.

도예가 기타오지 로산진은 미식이 사치이던 시절에도 완벽하고 소박한 음식을 찾아 끊임없이 방랑한 식도락가였다. 또, 먹는 것에서 그치지 않고 그 음식에 예쁜 옷을 입혀주기 위해 쉬지 않고 도자기를 구운, 말 그대로 '먹기 위해 일생을 바쳤던 사람'이라고 해도 과언이 아니다.

일본이 자랑하는 미식가답게 그의 최후도 평범하지 않았다. 집 안 뜰의 연못에서 살고 있던 개구리며 도롱뇽 등을 잡아먹다가 디스토마로 숨진 것이다. 오늘날의 상식으로 보면 우습기도 하고 황당하기도 한 죽음이지만, 일부 한국 아저씨들처럼 정력 때문이 아니라 맛을 추구하다가 죽은 것이니 그나마 품위는 있어 보인다. 한국에서는 그의 이름이 아직 낯설지만 당시 그가 사망했을 때 일본 언론들은 같은 날 사망한 총리의 죽음은 단신으로 처리한 반면 로산진의 죽음과 그의 생애에 대해서는 비중 있게 다뤘다고 한다.

집밥 한 끼 차려 먹는 일도 만만치 않은 현대인들에게 로산진이 추구하는 독특하면서도 까다로운 궁극의 맛은 먼 나라 이야기처럼 느껴진다. 더구나 일본이 미식을 추구할 여유가 있을 정도로 풍요로워질 무렵에 아직 빈곤에 시달리고 있던 한국인에게는 말이다. 하지만 한 끼를 먹더라도 자연의 은총에 감사하며, 맛을 통해 행복과 건강을 찾으려 했던 로산진의 정신만큼은 시대와 국경을 초월한 멋진 것이 아닌가 싶다. '그릇은 요리의 기모노'라고 주장하면서 요리와 그릇의 완벽한 조화를 통해 현대 일본 요리를 예술의 반열에 올려놓은 주인공이기도 한 로산진은 이런 말도 남겼다.

"진정한 미식가란 맛있는 음식을 먹는 사람이 아니라 맛있게 음식을 먹는 사람이다."

11. 삶은 부츠와 신발끈 스파게티

_ 찰리 채플린의 무성영화 시대와 인간 소외를 풍자한 음식 이야기

대체로 영화나 드라마 속 먹는 장면은 관객으로 하여금 식욕이 돋게 만든다. 하지만 때로는 화면에서 보이는 음식이 맛있어 보이지 않고 오히려 역겨움에 가까울 때가 있다. 그 대표적인 예가 찰리 채플린의 「모던 타임즈」(1936)이다.

공장 직원인 주인공은 하루 종일 쉴 틈도 없이 나사 조이는 일을 한다. 그러나 노동자들의 식사 시간마저 아깝게 여긴 사장은 그를 불러다 일하면서 동시에 밥을 먹을 수 있는 급식기계를 시험해본다. 수프에 옥수수, 케이크 등 제법 모양새를 갖춘 코스 요리이지만 억지로 먹는 밥이 제대로 입에 들어갈 리 없다. 설상가상 기계가 고장 나면서 빵조각 대신에 나사를 억지로 삼키게 되고, 빙글빙글 돌아가는 옥수수는 치아를 미친 듯이 문질러댄다. 수프와 크림이 쏟아지면서 결국 그의 얼굴은 음식물 범벅이 되며 관객들에게서는 폭소와 동시에 한숨이 함께 나온다.

영화 「황금광시대」의 한 장면에서 채플린이 빵춤을 추고 있다.

고문을 연상케 하는 이 장면을 통해 채플린은 기계화가 가져오는 인간 소외를 풍자하고 있다.

슬랩스틱 코미디에서 음식은 웃음을 끌어내기 위한 소품으로 자주 사용된다. 「황금광시대」(1925)에서 광대는 롤빵을 포크로 찍고, 빵들은 테이블 위에서 춤을 춘다. 크림이 듬뿍 얹힌 파이를 얼굴에 맞는 장면은 너무나 친숙하다. 「위대한 독재자」(1940)에서 히틀러와 무솔리니를 빗댄 두 독재자는 맵기로 유명한 영국 겨자를 한꺼번에 먹었다가 코와 입에서 김을 뿜어내며 현란한(!) 몸개그를 선보이기도 한다.

채플린은 여기서 한 걸음 더 나아가 여러 작품에서 음식을 풍자의 수

단으로 이용했다. 「황금광시대」를 보면 그는 먹을 것이 아무 것도 없는 환경에서 추수감사절 만찬을 차리는데 그 모습이 가히 '안습'이다. 부츠 한 짝을 삶아 주요리로 내놓으며, 스파게티 대신 신발끈을 접시에 올려놓는다. 미국의 역사학자 캐슬린 테일러 모스는 『황금의 본성: 클론다이크 골드러시의 환경적 역사(Nature of Gold: An Environmental History of the Klondike Gold Rush)』라는 책에서 "채플린은 적절한 상징을 제시한 것"이라며 "광부들은 언제나 배가 고팠으며, 끊임없이 음식을 갈구하고, 요리하고, 먹는 것에 대해 글을 썼다."고 언급했다.

찰리 채플린이 작품에서 음식을 자주 모티브로 삼은 데에는 이유가 있다. 우선 그가 활동하던 시절은 전쟁과 대공황으로 많은 사람들이 굶주리던 때였다. 하층민과 노동자 계급의 비참한 현실을 묘사하는 데에는 음식 이상으로 적절한 소재도 드물었을 것이다. 또한 채플린 자신이 끼니를 잇기도 힘든 빈곤한 어린 시절을 보냈다는 것도 그가 음식 묘사에 공을 들인 이유로 추측해볼 수 있다.

채플린은 1889년 4월 16일 사우스 런던의 빈민촌인 월워스에서 가수였던 아버지와 무명배우 어머니 사이에서 태어났다. 알코올 중독에 빠진 아버지는 불륜 때문에 어머니와 별거했다고 하며, 어머니는 부상으로 연극 일을 포기한 후 재봉사로 근근이 생계를 이었다. 이 무렵에 겪은 배고픈 어린 시절은 후일 그의 작품들에 상당 부분 반영된다. 더구나 어머니는 1895년 무렵에 조현병에 시달리며 정신병원을 들락거렸고 어린 채플린은 보육원에 맡겨지거나 아버지와 잠시 지내는 등 불안정한 생활을 했다.

아들의 재능을 알아본 아버지는 친구가 경영하는 아동극단에 입단시

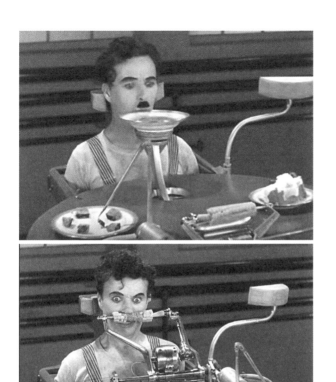

영화 「모던 타임스」에서는 악덕 자본가가 직원에게 일하면서 밥을 먹을 수 있는 급식 기계를 시험하는 장면을 통해 폭소를 유발하면서 자본주의를 비판한다.

컸으며, 어린 채플린은 코믹 연기를 하며 배우로서의 첫 발을 내딛게 된다. 그는 1903년 블랙모어 극단에서 오디션을 통과해 연극 「셜록 홈즈」의 꼬마 집사 역을 맡아 호평을 받기 시작했다. 그리고 1908년에는 당대의 대형 희극단이었던 프레드 카노의 희극단에 입단한다. 카노 극단에서 그는 주정뱅이나 건달 등을 코믹하게 묘사했으며, 미국으로 순회

공연을 하면서 1912년 키스턴 영화사의 전속 계약을 통해 희극 영화배우로 진로를 변경한다.

그러나 억지웃음만을 강조하고 시스템 또한 열악했던 키스턴 영화사에 실망한 그는 제대로 웃기고자 하는 생각에 '떠돌이(The tramp)'라는 캐릭터를 스스로 만들어냈다. 오늘날 '채플린' 하면 생각나는 헐렁한 바지와 꼭 끼는 상의를 입고 대나무 지팡이와 모자, 짧은 콧수염을 기른 신사는 이때 태어났다. 이 시기는 채플린이 감독으로서의 커리어를 시작한 때이기도 했다. 그는 키스턴에서 독립한 이후 엄청난 다작을 하면서 코미디 영화의 새 역사를 쓰게 된다. 도중에 첫 아내 밀드레드와의 이혼 소송 등으로 슬럼프를 겪기도 했으나 1921년 아역 배우 재키 쿠건을 앞세운 「키드」(1921)를 발표하며 활발한 활동을 이어간다.

하지만 관객들은 감독 채플린보다는 코미디언 채플린을 원했으며 「황금광시대」를 비롯해 「서커스」(1928), 「시티 라이트」(1931), 「모던 타임즈」(1936) 등의 작품을 차례로 내놓으며 전성기를 누리게 된다. 아이러니컬하게도 이때는 채플린에게 전성기인 동시에 그가 사랑한 무성영화의 쇠퇴기이기도 했다. 1927년 최초의 유성영화 「재즈 싱어」가 나오면서 영화계의 판도는 바뀌기 시작했으며 소리보다는 몸짓으로 관객과 소통하고자 했던 채플린은 변해가는 영화계에 회의를 느끼기 시작했다. 그는 이후에도 「시티 라이트」를 무성영화로 제작하는 등 무성영화에 대한 애정을 놓지 않았다.

제2차 세계대전이 시작된 후인 1940년, 채플린은 자신의 인생작이자 최대의 문제작으로 꼽히는 「위대한 독재자」를 만들게 된다. '찰리'라는 유대인 이발사와 '아데노이드 힌켈'이라는 독재자의 1인 2역을 맡

영화 「황금광시대」의 한 장면. 골드러시 당시 광부들의 힘겨운 삶을 코믹한 방식으로 풍자하고 있다.

으면서 나치를 풍자한 이 작품은 채플린에게 여러모로 의미심장한 작품이다. 우선 풍자의 대상인 히틀러는 채플린이 태어난 지 나흘 뒤인 1889년 4월 20일에 태어났다. 두 사람의 외모 역시 비슷해서 실제 영화를 보면 상당한 '싱크로율'을 느낄 수 있다. 하지만 제2차 세계대전에 관여하지 않으려고 했던 미국 정부는 영화 마지막의 연설 장면을 문제

삼았고, 이후 채플린은 1950년대 할리우드를 휩쓴 '빨갱이 사냥'인 매카시즘의 피해자가 된다.

제2차 세계대전이 끝난 후 에드거 후버 당시 FBI 국장은 채플린의 사생활을 예의 주시했다고 하며 영국 정보기관에 채플린의 과거에 대한 뒷조사를 의뢰했다는 이야기가 있다. 또한 조앤 베리라는 여성을 앞세워 강간 누명을 씌우는가 하면 그의 부모가 사회주의 계열의 유대인이라는 의심까지 했다고 한다. 이런 압박을 받게 되자 채플린은 영화 「라임라이트」(1952)를 끝으로 미국을 떠나 영국을 방문했다. 그 사이 미국 정부는 채플린의 시민권을 박탈했으며, 결국 그는 스위스로 이주해 죽을 때까지 그곳에서 살았다.

그 후 채플린은 영국에서 「뉴욕의 왕」(1957)을 제작하고 자서전을 집필하며 노년을 보냈다. 그는 노인이 돼서도 영화에 대한 열정을 불태웠으나 전성기만큼의 인기는 누리지 못했다. 마지막 영화인 「홍콩에서 온 백작부인」(1967)은 대형 기획사인 유니버설 픽처스가 제작을 맡고 말론 브랜도와 소피아 로렌이라는 호화 캐스팅에도 불구하고 흥행에 실패한다. 그의 영화적 코드가 시대의 흐름과는 맞지 않았던 것이다.

다만 노후에 와서는 영화계에 남긴 업적에 대해 각종 상을 받았으며 1972년에는 제44회 아카데미 공로상 수상을 위해 20년 만에 미국을 방문하기도 했다. 그밖에 그가 받은 상들은 제26회 미국감독조합상 공로상, 레종 도뇌르 훈장, 베니스 국제영화제 황금사자상 특별상 등으로, 영화사에서 그의 공이 어느 컸는지를 말해준다.

위대한 영화인이었던 반면 사생활은 복잡했으며, 어린 시절에는 비참한 굶주림을 겪었던 그의 식성은 과연 어땠을까. 지인들의 증언에 따르면 그는 미식가라기보다는 다소 괴짜스러운 입맛을 가졌다고 한다. 마치 코미디 연기를 하듯, 엄청난 양의 베이컨 에그와 한 무더기의 팬케이크를 순식간에 먹어치웠다는 일화가 있다. 또한 딸 제럴딘 채플린은 그가 생전에 레스토랑에서 삶은 송어를 주문했는데, 모양이 기묘하게 꼬인 송어를 보고는 "엠마, 달링!"이라고 하면서 송어의 입에 키스를 하며 눈을 빨아먹었다고 회고한다. 또 와인을 주문해 한 입 맛보고는 잔을 휙 던져버리면서 "대단하군!"이라고 말했다고 한다. 수프를 떠먹으면서 동시에 빵을 함께 먹는 '신공'을 발휘했다는 일화도 있다.

그의 식생활에는 종잡을 수 없는 면이 있었다. 24시간동안 빵 한 조각 먹지 않고 버티다가 다음 날 다섯 끼의 식사를 해치우는가 하면, 며칠동안 채소만 먹기도 했다. 당시 그는 "동물들은 생채소만 먹고도 건강하지 않나. 가장 크고 힘이 센 코끼리도 풀만 먹는다."라고 언급한 적도 있다. 그리고 그날 밤 그는 커다란 스테이크를 2개나 먹었다. 어느 날은 양상추와 과일만이 이상적인 음식이라며 채식주의자가 될 것을 선언했다가 바로 그다음 주에는 "크고 촉촉한 스테이크가 먹고 싶다."며 "좋은 고기는 몸과 두뇌의 자양분이 된다."고 말했다고 한다. 또 그다음 주에는 아이스크림으로 채운 칸탈로프 멜론이 먹고 싶다면서 "요즘 사람들은 너무 많이 먹는다. 가벼운 식사만 하면 일을 더 잘할 수 있다."고 수시로 말을 바꿔 주변 사람들을 혼란에 빠뜨렸다.

다만 채플린의 식성에도 어느 정도의 일관성은 보인다. 우선 그는 쇠고기 육즙을 듬뿍 머금은 빵을 좋아했다. 이 빵은 영국에서 요크셔 푸딩이라고 불리는 것으로 일요일에 별식으로 로스트 비프를 구울 때 오븐에서 뚝뚝 떨어지는 육즙이 아까워 빵 반죽을 넣어 익혀 먹었다고 한

채플린이 사랑한 쇠고기 육즙을 듬뿍 머금은 빵, 요크셔 푸딩. 삶은 채소와 곁들여 주로 일요일 오찬으로 즐긴다. 사진은 미니 요크셔 푸딩이다.

다. 또한 채플린은 내장 요리를 특히 즐겼던 듯하다. 그의 아들 마이클 채플린은 "화요일에 요리사가 일을 쉬면 어머니가 직접 요리를 했다." 며 "아버지는 사우스 런던 사람들이 많이 먹던 소 양(소의 두 번째 위)과 양파, 양고기와 채소를 넣은 아일랜드풍 스튜, 커리를 가장 좋아했다." 고 밝혔다. 채플린은 맵고 강한 양념을 싫어했지만 예외적으로 커리만 큼은 매콤하게 먹었다.

그밖에도 그는 스테이크와 소의 콩팥을 넣은 파이, 완자가 들어간 스튜를 즐겼으며 후식으로는 바나나와 견과류를 넣은 아이스크림, '아몬드 조이'라는 이름의 미국산 초콜릿 바를 좋아했다. 마이클 채플린에 따르면 유럽에서는 아몬드를 얹은 이 초콜릿 바를 팔지 않았기 때문에

우나 오닐(왼쪽)과 노년의 채플린이 비행기에서 내리며 함께 찍은 사진. 두 사람은 채플린이 사망할 때까지 동반자로 살아간다.

인편을 통해 미국에서 들여왔다고 한다.

마지막 아내이자 극작가 유진 오닐의 딸인 우나 오닐과 채플린은 노년에 로맨틱한 만찬을 즐기기도 했다. 그는 아내와 함께 넓은 잔디가 깔린 커다란 테라스에서 헤비 크림을 곁들인 야생 딸기를 먹었다. 또 두 사람은 종종 단 둘이서 캐비어와 샴페인을 들며, 둘만의 시간을 가졌다는 것이 주변 사람들의 증언이다. 우나 오닐은 채플린보다 무려 36살이 어렸으며, 그와의 결혼 때문에 아버지 유진 오닐과 의절한다. 하지만 두 사람의 금슬은 상당히 좋아서 장녀인 제럴딘을 비롯해 장남 마이클, 차녀 조지핀, 막내 크리스토퍼까지 8명이나 되는 자녀들을 두었다. 채플린이 미국에서 추방당할 당시 그녀 역시 미국 시민권을 포기하고 끝까지 그와 함께했다.

　채플린의 식도락기에는 조금 섬뜩한 일화도 있다. 1932년 일본을 방문한 그는 5월 14일 고베에 도착했으며, 다음 날 이누카이 쓰요시(犬養毅) 총리와 만나기로 했다고 한다. 그러나 뎀푸라를 먹고 스모 구경을 해야 한다며 약속을 미룬 채플린은 총리의 아들과 함께 느긋하게 관광 코스를 즐겼다. 그런데 하필 이날 채플린의 방일을 노린 쿠데타 세력이 이누카이 총리를 암살, 채플린 역시 예정대로 총리를 만났더라면 꼼짝없이 목숨을 잃을 뻔했다. 전후 사정을 전혀 모르는 채플린은 그날 저녁 새우 뎀푸라를 매우 맛있게 먹었다고 한다.

　그는 생전에 "삶은 가까이에서 보면 비극이지만, 멀리서 보면 희극이다."라는 유명한 말을 남겼다. 하지만 앞서 열거한 괴짜스러운 식성이나 그가 영화에서 보여준, 음식을 통한 다양한 풍자의 메시지는 가까이에서 봐도 왠지 코믹하다. 불우한 어린 시절과 복잡한 가족사, 혼란의 시대를 겪으면서도 위트를 잃지 않은 그는 그야말로 천상 코미디언이었다.

12. 고통을 이겨낸 예술가의 레시피
_ 프리다 칼로와 그녀가 만든 음식들

"요리할 땐 잡생각이 안 들잖아요? 그래서 난 심란한 일이 있어도
밥하는 것만으로도 머리가 맑아져요."

요시나가 후미의 만화 「어제 뭐 먹었어?」에서 어머니와의 갈등에 괴
로워하는 주인공에게 친구는 이렇게 말한다. 요리를 좋아하는 이들이
라면 누구나 이 대사에 공감했을 것이다. 페미니스트인 시몬 드 보부아
르 역시 여성이 하는 가사노동 중에서 가장 창조적인 활동으로 요리를
꼽은 바 있다. 청소나 빨래 등과 달리 본인의 상상력과 기술이 개입할
여지가 많고, 또 보잘 것 없는 식재료로도 예술작품에 가까운 결과물을
내놓을 수 있기 때문이다.

멕시코 영화 「달콤 쌉싸름한 초콜릿」(1992)의 여주인공 티타는 요리
를 통해 사람들의 감정을 들었다 났다 하는 주방의 여신이다. 첫사랑을

가장 널리 알려진 프리다 칼로의 사진. 그녀는 멕시코풍의 토속적인 악세사리와 옷차림을 즐겼다고 한다.

형부로 맞아야 했던 고통과 한 많은 세월을 견디게 해준 것은 요리였다. 몽환적인 그림으로 유명한 멕시코의 초현실주의 화가 프리다 칼로 또한 그림과 함께 요리라는 매개를 통해 사람들과 소통하고 힘겨운 삶을 버텨냈다.

프리다 칼로는 1907년 멕시코시티 교외 코요아칸에서 헝가리계 독일인 아버지와 메스티조인 어머니 사이에서 태어났다. 아버지가 붙여준 '프리다' 라는 이름은 독일어로 '평화' 라는 뜻이다. 멕시코청년공산당원이며 열정적인 어머니의 성격을 이어받은 프리다는 혁명의 열기가 가득하던 시절을 배경으로 성장했다.

의사를 꿈꾸던 영리하고 아름다운 소녀 프리다에게 뜻하지 않은 2가지 사건이 터진다. 하나는 18살 때 버스를 타고 가다 당한 교통사고이

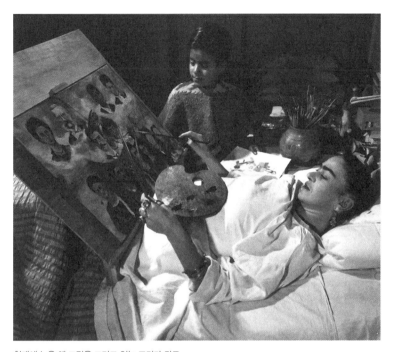
침대에 누운 채 그림을 그리고 있는 프리다 칼로.

며, 다른 하나는 남편이자 동지인 디에고 리베라와의 만남이었다. 버스 사고로 프리다는 강철봉이 척추와 골반을 관통하는 큰 부상을 입는다. 소아마비를 앓고 있던 오른발은 짓이겨졌고 자궁마저 크게 다쳤다. 그녀는 전신에 깁스를 한 채 무려 9개월을 침대에 누워 있어야 했고 이 사고로 인해 자신이 '부서졌다'고 표현했다. 그 후 30여 차례의 수술을 받았으나 육체적인 고통은 평생 그녀를 따라다녔다. 그러나 이 고통은 프리다가 자신만의 예술 세계를 펼쳐 나가는 시발점이 되기도 했다.

그녀의 부모는 침대 기둥 위에 전신 거울을 달아주고 누워서 그림을 그릴 수 있도록 이젤도 마련해주었다. 프리다는 거울에 비친 자신을 관찰하며 자화상을 그려 나갔다. 사회주의 사진작가인 티나 모도티는 멕시코 문화운동을 주도한 예술가 디에고 리베라를 그녀에게 소개, 그림들을 평가해달라고 부탁했다. 리베라는 프리다의 작품을 보고 "예기치 않은 표현의 에너지와 인물 특성에 대한 명쾌한 묘사, 진정한 엄정함을 보았다. 잔인하지만 감각적인 관찰의 힘에 의해 더욱 빛나는 생생한 관능성이 전해졌다. 나에게 이 소녀는 분명 진정한 예술가였다."고 평했고, 작품을 통한 둘의 교감은 남녀의 사랑으로 이어졌다.

1929년 프리다와 디에고는 21살의 나이 차를 극복하고 결혼하지만 프리다를 기다리고 있는 삶은 동화 같은 로맨스가 아니었다. 디에고는 프리다를 만나기 전에 두 번 이혼한 경력이 있으며, 결혼 후에도 끊임없이 외도를 했다. 외도 상대 중에는 프리다의 친여동생인 크리스티나까지 있었다. 그럼에도 프리다는 자신의 작품 활동에 열중하는 대신 리베라를 극진히 내조했으며, 이미 천재적인 예술가로 인정받고 있던 남편의 그림자처럼 살았다. 화가로서 그녀의 작품이 주목받기 시작한 것은 훨씬 후의 일이다.

하지만 디에고에 대한 배신감과 고독은 프리다의 작품 곳곳에서 나타난다. 「몇 개의 작은 상처들」(1935)을 보면 유혈이 낭자한 채 누워 있는 나체의 여인 곁에 디에고로 보이는 남성이 칼을 든 채 무심한 시선을 던지고 있다. 또 다른 대표작인 「부러진 척추」(1944)에서는 온몸에 못이 박히고 붕대로 간신히 지탱하고 있는 스스로의 육신을 묘사했다. 「상처 입은 사슴」(1946)은 여러 대의 화살을 맞은 사슴이 프리다의 얼굴을 하고 있다.

또 하나, 그녀의 삶에 고통을 안겨준 것은 세 번에 걸쳐 아이를 유산

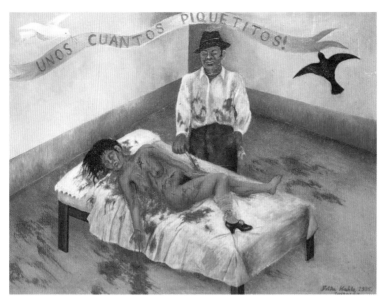

「몇 개의 작은 상처들」. 알몸으로 피투성이가 된 여인의 모습이 섬뜩한 느낌을 준다.

하고 결국 불임의 몸이 된 일이다. 18살 때의 교통사고로 인한 골반 기형이 원인이었다. 생명을 품는 어머니가 될 수 없다는 사실에 프리다는 절망하고 만다. 1932년작 「헨리포드 병원」을 보면 태어나지 못한 세 아이를 상징하는 듯한 형상이 그녀의 몸에 탯줄로 연결돼 있으며, 같은 해에 그려진 「나의 탄생」과 「프리다와 유산」에도 아이를 잃은 아픔이 묘사되어 있다.

혁명가인 레온 트로츠키와 잠시 사랑에 빠지기도 하고 1939년 이혼 후 사진작가 니콜라 머레이 등을 만나기도 했지만 안타깝게도 프리다는 끝까지 디에고라는 존재를 놓지 못한다. 몸과 마음의 고통을 동시에 겪으면서도 그녀는 "나의 평생소원은 단 3가지, 디에고와 함께 사는 것,

「부러진 척추」. 프리다의 몸에 박힌 철심과 수십 개의 못은 사고로 인한 육체적 상처
뿐 아니라 마음의 상처까지도 드러내고 있다.

그림을 계속 그리는 것, 혁명가가 되는 것이다."라고 말했을 정도이다.
결국 성관계를 갖지 않는다는 조건으로 두 사람은 다음 해인 1940년 재
결합했으며 1954년 프리다는 "이 외출이 행복하기를 그리고 돌아오지
않기를……"이라는 일기를 남기고 세상을 떠났다.

  평생을 디에고에 대한 애증 속에서 살았던 프리다에게 위안이 되었
던 존재는 얄궂게도 디에고의 전처인 과달루페였다. 과달루페는 디에
고와 동료 예술가들이 즐겨 먹었던 자신의 요리 레시피를 프리다에게

「상처 입은 사슴」. 여러 군데 화살을 맞은 사슴은 프리다 칼로 본인의 얼굴을 하고 있다.

전수해주었고, 프리다는 요리를 통해 고독과 상실감을 조금이나마 덜게 된다. 프리다가 남긴 레시피는 후일 리베라와 과달루페 사이에서 난 딸 루페 마린이 책으로 엮어 출간하기도 했다.

　프리다 칼로의 화풍은 멕시코 전통문화에 유럽과 미국 등 다양한 양식이 얽힌 모자이크 같은 느낌이다. 이런 그녀의 그림은 복잡미묘한 멕시코 요리의 세계와도 닮았다. 대항해시대 스페인 정복자들이 들어올 무렵, 멕시코를 지배하고 있던 아즈텍인들은 호박이나 콩 같은 채소들을 주로 먹었다고 한다. 남미 원산으로 후일 전 세계에 퍼진 초콜릿과 옥수수, 토마토, 감자, 고추 등도 이들의 식탁에서 빼놓을 수 없는 식재료들이었다. 그밖에도 오늘날 디저트 종류에 거의 빠지지 않는 바닐라

자신의 집이자 예술 공간인 '푸른 집' 계단에 애견과 함께 앉아 있는 디에고 리베라.

와 아보카도, 파파야, 파인애플 같은 각종 과일류, 고구마와 땅콩 등이 멕시코 땅에는 풍성하게 자라고 있었다.

멕시코 요리는 원주민인 아즈텍과 마야인들이 먹던 전통 음식에 스페인 사람들이 들여온 조리법이 결합돼 독특한 형태로 발달해왔다. 가령 원주민들의 주식인, 옥수수 가루로 만든 빵은 스페인에서 먹던 오믈렛과 비슷하게 생겼다고 해서 '토르티야'라는 유럽식 이름을 갖게 됐다. 이 토르티야에 볶은 고기와 양파, 토마토, 양상추 등을 넣고 매콤한 소스를 곁들여 구운 요리가 길거리 음식으로 유명한 '타코'이다. 토르티야 안에 콩으로 만든 소스인 칠리 콘 카르네와 쌀밥을 넣어 돌돌 말면 '브리토'가 되며, 온갖 채소와 닭고기 등 고기를 끼워 먹는 요리는 '케사디야'라고 불린다. 원주민들이 주로 먹던 이구아나나 뱀, 곤충으로 만든 요리들도 남아 있다고 한다.

또 멕시코 하면 생각나는 술이 데킬라인데, 데킬라의 기원은 고대 아즈텍인들이 마시던 '풀케'라는 술이다. 당분이 많은 아가베(용설란)의 수액으로 만든 이 술은 알코올 도수가 4도 정도이며 달짝지근하며 끈적한 맛이 우리의 막걸리와 비슷하다. 풀케는 원래 제물로 바쳐진 희생자들의 고통을 덜어줄 목적으로 제공됐다고 한다. 스페인에서 가져온 술이 떨어져가자 정복자들은 원주민의 술인 풀케에 관심을 갖게 됐고, 용설란즙을 증류해서 만든 '메즈칼 브랜디'를 만들게 됐다. 데킬라라는 이름은 18세기 중반 하리스코 주 데킬라 마을 근처에서 일어난 산불로 풀케가 증류되면서 독주가 만들어졌다는 설에서 나온 것이다.

데킬라를 만들 때는 8~10년 정도 된 아가베의 길쭉한 잎을 잘라내고 '피냐'라는 파인애플 모양의 심 부분을 수확해 증기솥에 쪄낸다. 달콤한 수액이 배어나오면 이를 발효시킨 후 증류해 독특한 맛이 날 때까지 숙성한다. 단식 증류기로 두 번 증류하면 무색의 투명한 데킬라가 되며, 오크통에 저장하면 호박색 골드 데킬라가 된다. 남미 밖에서는 그다지 유명하지 않던 데킬라가 세계적으로 알려지게 된 계기는 1968년 개최된 멕시코 올림픽이다. 도수가 높은 반면 향과 맛이 강하지 않은 화이트 데킬라는 칵테일 베이스로 쓰이게 됐으며, 숙성된 맛의 골드 데킬라는 스트레이트나 온 더 록으로 즐긴다.

데킬라를 마시는 방법은 독특하다. 손등에 레몬, 또는 라임즙을 뿌린 후 소금을 얹고, 데킬라 한 모금을 마신 다음 레몬즙과 소금을 핥아 먹는다. 연인들 사이에서는 상대방의 목덜미나 손등에 소금을 올려놓고 데킬라를 마시기도 한다. 일종의 멕시코식 러브샷인 셈이다.

북미 지역에서 멕시코 요리 하면 매운 음식의 대명사처럼 알려져 있으며, 히스패닉 이민자들에 의해 전해진 본토 멕시코 요리는 사워크림과 치즈 등이 듬뿍 들어간 텍스멕스(Tex-Mex) 스타일로 바뀌었다. 〈타코벨〉이나 〈온 더 보더〉 같은 곳에서 파는 멕시코풍 요리들은 사실 미국인의 입맛이 반영된 텍스멕스 요리에 가깝다.

이런 이유로 오리지널 멕시코 요리에 대해서는 잘 모르는 사람들이 많은데, 확실히 낯선 식재료가 많기는 하지만 멕시코 본토 요리는 자극적이고 칼칼한 것이 한국 사람들의 입맛에도 잘 맞는 편이다.

멕시코식 타코에는 다진 치즈와 사워크림이 들어가지 않는 대신 수육처럼 푹 삶아낸 고기에 두세 가지 매콤한 소스와 채소가 듬뿍 곁들여지며, 위에는 실란트로(고수)잎을 뿌린다. 소스가 줄줄 흘러서 먹기엔 조금 고역이지만 여자들도 한 번에 두세 개는 거뜬히 해치울 만큼 맛있고 영양가도 많다. 토마토가 들어간 붉은색 살사 외에도 그린토마토와 칠리, 할라페뇨, 양파, 라임 등으로 만드는 살사 베르데를 곁들이는데 패스트푸드점 타코와는 비교할 수 없을 정도로 담백하다.

프리다 칼로가 생전에 디에고와 함께 살았던 '푸른 집'에서 만들었을 요리는 요즘 알려진 멕시코 요리보다는 전통 방식에 좀 더 가까웠던 듯

다양한 텍스멕스 요리들. 치즈와 사워크림 등을 이용해 정통 멕시코 음식보다 좀 더 미국 스타일에 가깝다.

프리다 칼로가 그린 「드러난 삶의 풍경 앞에서 겁에 질린 신부」. 수박과 바나나, 파인애플 같은 눈에 익은 과일 이외에 멕시코의 토속 재료인 파파야, 아보카도 등이 등장한다.

하다. 요리책에 묘사된 프리다의 레시피 중에는 호두 소스와 칠리, 호박 소스를 곁들인 닭고기와 옥수수 반죽을 쪄낸 빵의 일종인 타말레스 등이 있다. 타말레스는 멕시코 토속 메뉴 중 하나로 옥수수가루에 육류와 치즈 등을 섞고 옥수수 잎으로 감싸 쪄서 만든다. 떡처럼 쫀득쫀득한 식감의 이 요리는 수천 년 전부터 아즈텍인들이 축제 때 먹어온 음식이라고 한다.

그 밖에도 살사 베르데에 찍어 먹는 나초와 호박꽃 수프, 노팔스 선인장을 곁들인 돼지고기 요리 등이 리베라 가의 만찬에 차려졌다. 그들의 집에 모인 예술가들은 데킬라를 홀짝이며 아보카도와 돼지껍질 튀김을 안주로 대화를 나눴다고 한다. 나초는 의외로 일반 가정에서도 간단히 만들 수 있는데, 옥수수로 된 토르티야를 튀기면 그게 바로 나초가 된다. 호박꽃은 오늘날 많이 쓰이는 식재료는 아니지만 조선시대로 거슬러 올라가면 꽃 속에 고기와 각종 채소를 다진 소를 넣고 봉한, 만두 형태의 레시피가 전해져 내려온다. 신기하게도 조선시대의 호박꽃만두 역시 국에 띄워 먹었다는 기록이 있다. 돼지껍질 튀김은 언뜻 보기에는 기름질 것 같지만 파삭한 맛이 스낵처럼 가볍게 먹기 좋다.

화끈하고 자극적인 멕시코 요리는 성격이 급하고 다혈질이라는 남미 사람들의 기질과도 닮았다. 그리고 정열적인 여인 프리다 칼로는 캔버스와 주방을 오가며 채 꽃피우지 못한 마음속의 불꽃을 아름다운 그림과 요리로 승화시켰을 것이다. 그녀의 힘겨운 삶을 지탱해준 것도 결국은 사랑과 예술을 위해 모든 것을 내던진 열정 아니었을까.

13. 그녀, 전혜린과 아련한 유럽의 맛

_ 한국 여성이 엿본 1950년대 유럽 식문화

더욱 짙어진 안개와 어둑어둑한 모색 속에서 그 등이 하나씩 하나
씩 켜지던 광경은 지금도 잊을 수 없다. 짙은 잿빛 베일을 뚫고 엷
게 비치던 레몬색 불빛은 언제까지나 내 마음속에 남아 있다. 내
가 유럽을 그리워한다면 안개와 가스등 때문인 것이다.

_ 전혜린, 『그리고 아무 말도 하지 않았다』 중에서

대한민국에서 1960~1980년대에 청소년기를 보낸 여성이라면 전혜
린(1934~1965)이라는 이름을 대부분 기억할 것이다. 남녀차별이 지금보
다 심하던 시절, 서울대 법대에 다닌 엘리트에 외국 유학파, 30대 초반
의 젊은 교수라는 이력은 여학생들의 동경의 대상이 되기에 충분한 것
이었다. 또한 그녀가 쓴 수필 등을 통해 유럽이라는 세계를 이상향처럼
바라보게 된 이들도 적지 않을 것이다. 감성 넘치는 글과 자살 의혹이

전혜린.

강한 평범하지 않은 죽음도 그녀를 유명하게 하는 데 한몫을 했다.

딸에 대한 부모들의 교육열이 강하지 않던 시절이었지만 그녀의 아버지 전봉덕은 달랐다. 맏딸 혜린이 공부에만 열중할 수 있도록 집안일을 일체 시키지 못하게 해 어머니와 자주 다투기도 했다고 한다. 딸 혜린은 그런 아버지를 보며 "절대로 평범해져서는 안 된다."라는 숙제를 마음속에 품은 채 성장한다.

어린 전혜린에게 있어 신과 같았던 아버지 전봉덕은 딸이 자신의 뒤를 이을 법학도가 되기를 권했다. 서울대학교 입시를 치를 당시 전혜린에게는 지금도 회자되는 일화가 있다. 당시 본고사에서는 어느 한 과목이라도 0점을 맞으면 불합격시키는 것이 규정이었다. 전혜린은 수학에서 0점을 받았기 때문에 원칙상 불합격이었으나, 그 외 과목의 성적들이 워낙 출중하다 보니 사정위원회를 거쳐 구제됐다고 한다. 그리고 수학 0점을 맞고도 전체 2등이라는 전설 같은 기록을 남긴다.

그러나 법학이라는 학문은 전혜린에게 큰 흥미를 안겨주지 못했다. 문학적 감수성을 타고 났던 그녀는 경기여고 재학 시절부터의 친구 주혜를 따라 문학 강의를 도강했으며, 결국 학부를 마치기 전 독일 유학을 감행한다. 딸을 법률가로 키우려 했던 아버지가 이를 좋게 생각할 리가 없었다. 그 때문에 전혜린의 독일 생활은 경제적으로 늘 빠듯했다고 한다. 약간의 번역료와 고국에서 보내주는 용돈을 쪼개 살림을 꾸려갔으며, 한 번은 진짜로 돈이 떨어져 1주일을 굶기도 했다. 당시 그녀가 동생 채린에게 보낸 편지를 보면 "물을 마셨더니 죽지는 않더라."라는 내용이 나온다.

유학 생활을 시작한 지 1년쯤 지나 전혜린은 독일로 건너온 법학도 김철수와 결혼한다. 훗날 원로 헌법학자로 잘 알려진 바로 그 인물이다. 남편과 살 때 전혜린은 최초로 약을 먹고 자살을 시도했다가 미수에 그친 적이 있다. 정확한 이유는 알 수 없으나 그 일은 조용히 묻혔고, 딸 정화를 낳고 나서는 매 페이지마다 행복이 가득한 육아일기를 남긴 것을 보면 독일에서의 삶은 나름대로 행복했던 모양이다.

전혜린이 유럽 생활을 회고한 수필들을 보면 유독 음식에 대한 내용이 자주 나온다. 엄격한 법관 집안의 장녀였던 그녀는 어린 시절 설날 먹는 떡국이나 추석 때의 송편 같은, 음식에 대한 달콤한 추억이 없었다고 밝혔다. 먹는 것과 입는 것에 관심을 거의 두지 않는, 학구적인 분위기와 이성적 사고가 집안을 지배하고 있었던 탓이었다고 한다.

그런 그녀가 유럽에 와서 새로운 맛의 세계에 눈을 뜬다. 21살의 나이로 낯선 독일 땅을 밟은 전혜린은 도착한 다음 날 한때 반(反)나치운동

뱅쇼. 와인에 레몬과 설탕, 계피 등을 넣어 끓여서 알코올을 날린다.

의 본거지였다는 〈제로제〉라는 식당을 찾았다. 이곳에서 그녀는 멋모
르고 시킨 커다란 삶은 돼지고기와 흑맥주를 놓고 먹먹해하다 곧 저렴
한 가격과 친절한 서비스에 반해 단골이 된다. '제로제'는 독일어로
'연꽃'이라는 의미이며 한국 유학생들이나 관광객이 자주 찾는 명소로
지금도 남아 있다.

　가난한 유학생 신분이다 보니 처음에는 간단히, 소량만 식사를 했다
고 그녀는 말했다. 독일 하면 떠오르는 하얀 소시지를 불에 구워 겨자
를 곁들여 먹는 것으로 끼니를 때웠는데 레모네이드와 피클 하나를 곁
들여도 1마르크(한화 약 700원)가 안 될 정도로 쌌던 데다가 냄새만 맡아
도 식욕이 돌 정도로 맛있었다고 묘사했다.

　군밤 한 봉지를 사와 강의실에서 주전부리를 하기도 했으며, 돈이 떨

어져 갈 때는 스파게티를 삶아서 중국 배추인 호배추로 담근 김치와 함께 먹었던 기억을 떠올리기도 한다. 실제로 유럽에서 한국 음식 재료를 구하기 힘들었던 시절에는 이처럼 중국 채소를 대신 이용하는 경우가 많았다. 날씨가 추워질 무렵에는 데운 맥주나 그로그(럼주와 뜨거운 물을 절반씩 섞은 칵테일), 글뤼바인으로 추위를 달랬다는 이야기도 있다.

영국에서는 멀드 와인, 프랑스에서는 뱅쇼라고 불리는 글뤼바인은 레드 와인에 스타아니스, 계피, 레몬, 정향 같은 향신료와 설탕을 섞어 끓인 음료다. 알코올이 날아갔기 때문에 마셔도 취하지 않으며 프랑스 같은 곳에서는 겨울철 길거리 음료의 대표주자로 꼽힌다. 뜨겁게 해서 마시면 초기 감기에 즉효이다.

결혼 후 전혜린은 본격적으로 유럽 음식의 세계에 동화돼갔으며, 집에서 한국 요리를 해먹는 데도 익숙해졌다고 한다. 청어와 피망 고기조림 같은 음식에 빠져드는가 하면 매운 맛이 그리울 때는 헝가리안 굴라시를 먹으러 갔다.

> 매운 맛에 굶주린 우리는 무섭게 매운 헝가리 고추가 들어간 굴라시를 먹으러 가곤 했다. "아주 맵게 해주세요!"라고 하면 헝가리인 식당 주인은 자기네처럼 매운 맛을 즐기는 종족이 왔다는 게 반가웠던 모양이다.
>
> _ 전혜린, 『그리고 아무 말도 하지 않았다』 중에서

굴라시, 하면 쇠고기에 양파, 감자, 토마토 등 각종 채소를 넣고 육수를 부은 후 푹 끓인, 우리의 육개장과 비슷한 요리이다. 헝가리의 목동

헝가리안 굴라시. 쇠고기와 각종 채소가 들어가며, 맵게 양념하는 것이 우리의 육개장과 비슷한 느낌이다.

들은 야외에 솥을 걸고 불을 피워 굴라시를 만들어 먹으며 추위를 이겨 냈다고 한다. 얼큰한 것이 한국 사람들의 입맛에도 잘 맞으며 빵이나 파스타를 곁들여 먹지만 밥과도 궁합이 잘 맞는다. 작가 무라카미 하루키는 오스트리아 빈에 갔을 때 슈니첼(송아지고기 커틀릿)보다 맛있는 음식으로 굴라시를 꼽았다.

굴라시에는 파프리카 파우더로 양념을 하는데 사실 굴라시에 들어가는 파프리카는 매운 맛이 강하지 않은 편이다. 하지만 그때가 1950년대였다는 것을 감안하면(당시에는 한국 음식이 지금만큼은 맵지 않았으므로) 전혜린에게는 충분히 매웠을 수도 있다.

그밖에 브뤼셀 여행 중 맛본 겉은 딱딱하고 속은 부드러운 빵(아마도 하드 롤 종류였던 듯하다), 초에 절인 생선을 꼭꼭 씹어 먹던 맛, 공원에 소풍 나가 마셨던 차가운 흑맥주, 길에서 팔던 색색가지 아이스크림 등 맛있는 이야기들이 줄을 잇는다.

커피 이야기도 나온다. 유학 시절 초반, 주머니가 가벼웠던 그녀는 크림을 넣은 커피 한 잔으로 간단히 점심을 때웠다고 한다. 또 이탈리아 커피점에서는 에스프레소 커피를 처음 맛보고, 생크림을 쌓아올린 '카푸치나'라는 커피 맛에 반한다. 독한 터키 커피 한 잔을 마시고 밤새 잠을 못 잤던 기억도 떠올린다.

그녀는 다시 유럽을 찾는다면 한국에서 먹을 수 없던 생크림을 듬뿍 올려 커피를 마시겠다고 하는가 하면 맥주 한 조끼를 단숨에 마시며 잃어버렸던 20대를 되찾고 싶다는 소망도 내비친다. 사실 전혜린은 대학 시절부터 주당으로 유명했다. 학부 시절부터 남학생들과 거리낌 없이 막걸리를 마시곤 해 괴짜 소리를 들었다. 유학 후에는 후배 이덕희와 「무진기행」의 김승옥, '명동백작' 이봉구 등 당대의 문인들과 자주 어울리며 술자리를 가졌다고 한다. 1965년 1월 사망하기 전날에도 전혜린은 학림다방에서 이덕희와 만났으며 "세코날 마흔 알을 흰 걸로 구했어."라고 말해 자살을 암시했다.

세련되고 서구적일 것 같은 이미지와 달리 전혜린은 의외로 '깨는' 행동을 많이 했다. 세수는 하지 않아도 아이섀도는 칠했으며, 립스틱을 한쪽 입술에만 바르기도 했다. 더운 여름철에도 항상 검은 머플러를 하고 다녔다. 손톱은 항상 때가 낀 채로 불결해 그녀의 지인 중 하나는 그 손톱을 두고 '검은 테를 두른 부고(訃告)'라 칭했다는 일화도 있다.

서구 문명에 푹 빠져든 듯한 그녀를 어떤 이들은 '된장녀의 원형'이라고 부르기도 한다. '중2병'에 '똘끼' 충만한 캐릭터로 비하하기도 하는데 사실 예술 한다는 인간이 '똘끼' 하나 없으면 그것도 이상한 일 아닌가. 다만 저작물들 대부분이 번역에 그치고 있다는 것, 정치적으로 혼

전혜린의 아버지 전봉덕.

란했던 시대에 입을 다무는 등 시대 의식이 결여됐다는 점 등은 비판받을 만한 부분이다. 특히 그녀의 대한 비판의 상당 부분은 제대로 된 작품을 남기지 못했다는 면이다. 조르주 상드나 루 살로메처럼, 교류했던 남성들이나 파격적인 행보 등으로만 알려진 그녀를 문인으로 볼 수 있느냐는 지적이 대부분이다.

전혜린의 시대의식 결여는 그녀가 신처럼 생각한 아버지 전봉덕의 영향이 크다. 전봉덕은 경성제대 법문학부 법과 재학 중 일본 고등문관 시험 사법, 행정 두 분야를 패스한 수재였으나 경찰 고위간부로 최고위직인 경시에까지 이른 '뼛속까지' 친일파이기도 했다. 제2차 세계대전 기간 동안 전봉덕은 경찰부 수송보안과장으로 근무하며 전쟁을 적극 지원하는 역할을 했다.

광복 후에도 전봉덕은 경찰부 보안과장으로 계속 근무했으며 1948년 반민족행위 처벌법이 제정되자 발빠르게 육군사관학교를 1기로 졸업

하고 헌병부사령관에 임명됐다. 1949년 국회 프락치 사건 때는 헌병대 산하 특별수사본부장을 맡아 반민특위 소장파 의원들을 체포해 고문한다. 또 백범 김구가 안두희의 총에 암살됐을 때도 수사를 맡아 사건을 축소 은폐했는데 일각에서는 사건 당일 그가 헌병사령관으로 승진한 것을 두고 전봉덕이 사실상 김구 암살을 주도했다고 본다.

물론 아버지의 죄를 자녀에게 연좌해서 적용할 수는 없다. 그러나 그는 반민족행위로 일생 동안 부와 명예를 누렸으며 그 혜택은 가족에게도 돌아갔다. 일제 말 이 땅의 수많은 국민들이 수탈과 징집에 시달릴 무렵 어린 전혜린은 시대의 혹한을 피해 보호받으며 자랐고, 전 국토를 뒤덮은 전란 속에서도 오롯이 책을 읽고 공부를 하는 데 열중할 수 있었다. 그런 그녀가 아버지의 죄와 자신은 무관하다며 지식인의 책무에 눈을 감을 자격이 있는 것일까. 전혜린의 삶이 비극적이었을 수밖에 없었던 진짜 이유는 어쩌면 여기에 있는 듯하다.

14. '상남자'가 사랑한 술
_ 헤밍웨이가 사랑한 럼과 시가로 느끼는 쿠바의 정취

미국이 자랑하는 대문호 헤밍웨이에게는 조금 황당한 일화가 있다. 어린 시절 어머니의 강요로 여장을 하고 그 모습을 손님들에게 보여야 했다는 것이다.

그때의 기억이 트라우마가 됐던 것일까. 어른이 된 헤밍웨이는 그야 말로 상남자(라고 쓰고 마초라고 읽는다) 캐릭터로 성장하게 된다. 고교 시절 그는 풋볼 선수로 활동하면서 단편소설을 쓰기 시작했다. 고등학교 를 졸업한 후에는 캔자스시티의 「스타」지에서 기자 일을 시작했으며 제1차 세계대전이 발발하자 종군기자로 참전한다.

1918년 그는 적십자 야전병원의 수송차 운전병으로 복무하다 이탈리 아에서 다리에 중상을 입고 입원한다. 이때 헤밍웨이는 첫사랑을 만나 는데『무기여 잘 있거라』의 여주인공 캐서린의 모델이 된 적십자사 간 호사 아그네스 폰 쿠로프스키였다. 다만 그녀는 헤밍웨이보다 7살 연상인 26살이었으며, 19살에 불과한 헤밍웨이를 귀여운 동생 정도로만 여겼다는 설도 있다. 어쨌든 이때 입은 부상 때문에 헤밍웨이는 1919년 미국으로 돌아왔으며, 아그네스에게 편지로 청혼했으나 보기좋게 거절당했다.

제1차 세계대전이 끝난 후에도 그는 캐나다 「토론토 스타」의 특파원으로 다시 유럽에 건너가 그리스와 터키의 전쟁을 보도하기도 했다. 또 스페인 내전 당시에는 공화제를 지지하며 독재자 프랑코에 맞섰으며, 중일전쟁 때는 중국 충칭에서 장제스를 만났다. 제2차 세계대전 때는 파리 해방 전투에도 참여했으니 그의 삶은 말 그대로 전쟁을 따라다닌 삶이라고 해도 과언이 아닐 것이다.

뿐만 아니라 그는 낚시, 권투, 투우 같은 남성적인 스포츠를 즐겼다. 『노인과 바다』에서 바다낚시를 하는 노인이 등장하는 것, 『킬리만자로의 눈』의 주인공이 아프리카 사냥 여행을 갔다는 설정 등은 본인의 경험을 토대로 한 것이다. 183센티미터가 넘는 거구에 불 같은 성격을 지닌 헤밍웨이는 사람들과 다툼도 잦았다. 『누구를 위하여 종은 울리나』가 1943년에 샘 우드 감독에 의해 영화화됐을 때 시사회에 참석한 헤밍웨이는 영화가 기대에 미치지 못한다며 감독을 주먹으로 때려 코뼈를 부러뜨리기도 했다.

여자관계 역시 복잡했다. 그는 4명의 여성과 결혼했으나 불륜을 밥 먹듯했고, 아내와 이혼한 후에는 그 불륜 상대와 재혼하기를 반복했다. 그는 버림받는다는 것에 대한 두려움이 있었고, 새로운 연인에게 마음의 안정을 얻은 후 아내에게 이혼을 통보하는 식이었다. 첫 번째 아내 해들리와 함께 살 때 헤밍웨이는 「보그」 편집자 폴린 파이퍼와 사랑에

헤밍웨이. 남성적인 턱수염은 오늘날 그를 상징하는 아이콘 중 하나다.

빠졌으며 1926년 해들리와 이혼한 후 곧바로 폴린과 재혼한다. 그는 13년간 폴린과 함께 살았으나 다시 마사 겔혼이라는 특파원 출신 여성을 만났으며, 그녀와 세 번째로 결혼한 뒤 쿠바에 정착했다. 그러나 마사가 가정보다는 일을 중시하자 헤밍웨이는 메리 웰시와 불륜에 빠졌고, 메리는 헤밍웨이의 마지막 아내가 됐다.

그는 지적이고 활동적인 여성에게 끌렸으며, 첫 번째 아내였던 해들리를 제외한 나머지 아내들이 모두 기자였다는 것도 이 때문인 듯하다. 그러나 결혼 후에는 아내에게 일보다 가정을 지키기를 강요하고, 현장에 나가서 또 다른 기자와 사랑에 빠지기를 반복했다. 그러면서도 전혀 양심의 가책을 느끼지 못했다는 헤밍웨이는 그야말로 그의 문학세계처럼 비정, 냉혹한 하드보일드적 성격의 소유자였던 듯하다.

하지만 이런 사생활과는 대조적으로 헤밍웨이의 작품은 간결해서 읽기가 쉬우며, 문학사적으로도 가치가 높다. 아무래도 기자 출신이다 보니 미사여구보다는 건조한 문체에 익숙해 있었을 것이다. 그의 문학적 재능이 본격적으로 꽃핀 것은 제1차 세계대전 종전 후 파리에 체류하던 시절부터이다. 재능 있는 무명 예술가를 지원하던 미국 작가 거트루드 스타인과 『위대한 개츠비』의 스콧 피츠제럴드, 에즈라 파운드 같은 명사들과 어울리며 헤밍웨이는 자신의 글에서 표현한 대로 "매일매일을 축제처럼" 살았다.

헤밍웨이는 비스트로에서 '녹색의 마주'라고 불리던 예술가들의 술 압생트를 즐겼고, 파리의 식도락 문화에 빠져든다. 역시나 마초답게 그가 좋아한 음식은 카사노바가 먹었다던 생굴과 정력의 상징으로 불리는 장어였다고 한다. 서양인들은 장어를 즐기지 않는 것으로 알려져 있으나 의외로 유럽에도 다양한 장어 요리들이 발달해 있다.

프랑스에는 각종 향미 채소와 장어를 푹 끓인 마틀로트라는 스튜가 있다. 이 요리는 피카소가 마지막 연인인 자클린을 위해 그림으로 남긴 것으로 유명하다. 또 프랑스 사람들은 와인과 소금으로 장어를 양념해 샌드위치로 먹기도 한다. 그런가 하면 독일에서는 크림이 든 장어 스튜를 만들어 먹으며, 네덜란드 사람들은 훈제를 해서 먹는다고 한다. 스페인에 머무는 동안 헤밍웨이가 가장 좋아했던 메뉴 중 하나는 장어 치어에 마늘과 칠리를 넣어 올리브유에 볶은 요리였다. 그는 '콩싹처럼 작은 앙훌라(스페인어로 장어)'에 대한 글을 쓰기도 했다. 장어 치어는 크리미한 식감에 비린내 없이 향긋한 맛이라고 한다.

이처럼 기자로, 군인으로, 문인으로 화려하면서도 거칠 것 없이 파란만장한 삶을 살아온 '상남자' 헤밍웨이에게도 피할 수 없는 것이 있었으니 그것은 바로 늙음이었다. 그의 노화를 더욱 재촉한 것은 젊은 시절 전장에서 당한 부상과 말년의 비행기 사고였다. 1953년 아프리카 여행 중 헤밍웨이는 두 번이나 비행기 사고를 당해 중상을 입고 재활 훈련을 해야 했다. 남성성을 잃어가고 있다는 초조함에 헤밍웨이는 사냥과 낚시 같은 취미에 더욱 매달렸고 나중에는 정신착란을 겪다가 결국 자살로 생을 마감한다.

그의 말년이 불안과 광기로 휩싸이게 된 데에는 다른 이유도 있었다. 스페인 내전 당시 헤밍웨이는 반(反)프랑코 파에 섰으며, 쿠바 아바나에서 살았다는 등의 이유로 미국 FBI에서 소련 스파이로 의심을 받았다고 한다. 생전에 그는 도청과 감시를 받고 있다고 주장했으나 이를 믿어주는 이는 없었다. 그러나 1980년대에 FBI가 정보자유법에 따라 '헤밍웨이 파일'을 공개하면서 그의 주장이 거짓이 아님이 밝혀졌다.

마초 캐릭터의 상징과도 같은 그에게 만년에 위안이 되어준 것은 쿠바의 아바나 시가와 고양이, 그리고 럼이었다. 생전에 애묘가였던 헤밍웨이의 집에는 지금도 수십 마리의 고양이가 드나든다고 하니 의외로 여성적이고 섬세한 구석도 있었던 모양이다. 시가와 럼은 쿠바, 하면 떠오르는 특산품이면서 남성적인 매력을 돋보이게 하는 아이템이기도 하다.

여송연이라고도 불리는 시가는 크리스토퍼 콜럼버스가 1492년 서인도 제도에서 가져와 유럽에 소개했다. 당시 쿠바인들이 피우던 담배는 야자나 바나나 잎으로 돌돌 만 형태였다고 한다. 시가가 유행하기 시작한 것은 미국 남북전쟁 이후이며, 신사들이 즐기는 고급 기호품으로 자

체 게바라. 혁명의 아이콘이자 시가를 사랑한 남자로도 유명하다.

리 잡았다. 당시 상류층 남성들은 식사 후 와인이나 브랜디를 마시며 시가를 곁들였다. 오늘날 가장 흔한 궐련과는 달리 시가는 한 대를 다 피울 수가 없다. 조금씩 피우고 나서 불을 끄고, 탄 부분을 잘라내 다시 피우는데, 이때 사용하는 전용 절단기도 있다. 시가를 특히 사랑했던 인물은 윈스턴 처칠 전 영국 총리와 쿠바의 혁명가 체 게바라를 들 수 있다. 처칠의 사진을 보면 거의 대부분 시가를 쥐고 있으며, 체 게바라는 일기에서 "시가는 고독한 혁명의 길에 가장 훌륭한 동반자"라는 말을 남겼다. 헤밍웨이는 쿠바에서 지내는 동안 집필할 때 항상 한 손에는 칵테일, 한 손에는 시가를 쥐고 있었다고 전한다.

한편 사탕수수에서 설탕을 뽑아내는 과정에서 생기는 부산물로 만드는 럼은 식민지 시대에 흑인 노예들이나 마시는 싸구려 술로 통했다. 주산지가 해적들이 활동하던 카리브해이다보니 해적, 하면 떠오르는 것들 중 하나이기도 하다. 소설 『보물섬』이나 영화 「캐리비안의 해적」의 선원들은 거의 항상 럼주에 절어 있는 모습을 볼 수 있다. 당시 장기간 항해를 할 때는 통에 담아 온 물을 식수로 썼는데 문제는 시간이 지나면 물이 썩는 것이었다. 술을 타면 물이 썩는 것을 막을 수 있었으며 값싼 럼주는 이렇게 뱃사람들의 술로 불리게 된다. 또 럼주에 물을 탄 칵테일을 '그로그'라고 하는데 그 어원은 그로그에 취한 선원들이 '그로기(groggy, 심한 타격을 입고 휘청거리는 모습)' 상태가 된다는 데서 유래했다.

위스키나 브랜디에 비해서 세련된 맛은 아닌 럼이 '신분 상승'하게 된 계기는 넬슨 제독과 1805년의 트라팔가 해전이다. 넬슨이 이 해전에서 사망하자 선원들은 영웅의 유해가 부패하는 것을 막기 위해 럼주가 든 통에 시신을 보관해 영국으로 돌아왔고, 이후 사람들은 짙은 갈색이 나는 다크 럼을 '넬슨 블러드'라고 부르기 시작했다.

럼은 스트레이트로 마시기도 하지만 달걀 비린내를 없애는 제빵 재료로 쓰거나 다양하게 칵테일로 즐기기도 한다. 칵테일 베이스로 쓰이는 술은 대부분 색과 향이 약하고 다른 첨가물의 맛을 방해하지 않아야 하는데 이런 조건에 맞는 술로는 보드카와 럼, 데킬라 등이 있다. 보통 짙은 갈색에 오크통에서 숙성한 다크 럼은 스트레이트로, 색이 연한 화이트 럼은 칵테일 베이스로 쓰인다.

헤밍웨이가 즐겨 마신 모히토. 박하 잎
에 얼음을 넣어 청량한 느낌이다.

쿠바에서 헤밍웨이가 즐겼던 럼 베이스 칵테일은 모히토와 다이키리
이다. 이 2가지 칵테일은 "나의 모히토는 〈라 보데기타〉에서, 다이키리
는 〈엘 플로리디타〉에서"라는 헤밍웨이의 말로도 유명하다. 〈라 보데
기타〉와 〈엘 플로리디타〉는 헤밍웨이가 즐겨 찾던 단골 술집 이름이
다. 그는 집필이 끝난 저녁 시간이면 이 두 곳에서 사람들과 담소를 나
누기를 즐겼다고 한다. 럼에 콜라가 들어간 '쿠바 리브레' 역시 헤밍웨
이가 좋아하던 칵테일이다.

스페인어로 '마법의 부적'이라는 뜻의 모히토는 라임즙을 넣은 잔에
설탕과 민트 잎을 넣고 찧어준 다음, 잘게 부순 얼음과 분량의 럼을 추

헤밍웨이가 생전에 즐겨 찾은 바 〈엘 플로리디타〉의 현재 모습. 지금도 헤밍웨이의 흔적을 찾아오는 관광객들의 발길이 끊이지 않는다

가하고 탄산수로 잔을 채운다. 럼은 칵테일 베이스로 자주 쓰이는 바카르디 화이트가 무난하다. 생 민트 잎을 구하기가 까다롭다 보니 칵테일 바에서는 드물었으나, 요즘은 쉽게 모히토를 맛볼 수 있다.

　다이키리는 쿠바 산티아고 해변 근처의 광산 이름이다. 1905년 광산에서 근무하던 미국인 기술자 콕스가 쿠바산 럼에 라임 주스와 설탕을 넣어 마신 것이 유래라고 한다. 당뇨가 있었던 헤밍웨이는 설탕을 줄이고 럼은 2배로 넣은 프로즌 스타일의 다이키리를 마셨다. 그의 전기에는 바카르디 화이트 럼에 자몽과 라임즙, 마라스키노 체리 리큐르 약간을 넣고 얼음과 함께 갈아 마신다고 나와 있다.

럼 하면 독하고 화끈한 맛이 상남자를 연상시키지만, 이렇게 칵테일로 만들면 아기자기하면서 여성스러운 느낌이 든다. 마지막 순간까지 마초로 살았던 헤밍웨이지만 그의 사후 한 친구는 실제로는 그가 겁쟁이에 울보라고 발언한 적이 있다. 내면의 연약함을 감추기 위해 일부러 공격적으로 행동했다는 것이다. 이 말로 미뤄볼 때, 헤밍웨이가 즐겼던 칵테일은 숨겨져 있던 그의 섬세하고 연약한 내면을 말해주는 것인지도 모른다.

15. 나쁜 남자, 뱀장어 스튜를 그리다

_ 피카소의 화려한 여성 편력, 소박한 식탁

드라마에 자주 등장하는 카사노바형 캐릭터는 몇 가지 공통점을 갖고 있다. 훤칠한 미남인 것은 기본이고 재벌 2세란 클리셰를 달고 다닐 정도로 경제력도 대단하다. 그리고 데이트할 때는 여자를 일류 레스토랑에 데려가 왕이나 먹을 법한 진수성찬을 대접한다.

이런 기준에서 본다면 천재성만큼이나 여성 편력으로도 유명한 화가 피카소는 카사노바의 '카'에 해당하는 조건도 갖추지 못했다고 볼 수 있다. 경제력이나 능력은 어느 정도 화가로서 명성을 쌓았으니 논외로 하더라도, 그는 작은 체구에다 딱히 미남도 아니었다. 그런데도 그와 사랑을 나눈 여자들은 알려진 사람만 7명에 이르며 유부녀부터 딸뻘 이상 되는 소녀도 있었다. 그중 피카소 곁을 스스로 떠난 여인은 6번째 애인인 프랑수와즈 질로 단 한 명뿐이다. 게다가 알려진 이미지와 달리 피카소는 음식에 있어 사치를 추구하지 않았으며, 오히려 생활의 냄새가 배어 있는 소박한 요리들을 좋아했다고 한다.

1881년 10월 25일 스페인의 말라가에서 태어난 피카소는 미술교사였던 아버지에 의해 말을 배우기 시작할 무렵부터 그림을 그리기 시작했다. 어린 시절 학습 능력은 좋지 않았던 반면 그림에 대한 재능만큼은 천재라는 말이 어색하지 않았다고 한다. 그러나 그 유명한 '중2병' 탓인지 14살에 입학한 바르셀로나 미술학교에서는 출석을 거의 하지 않고 규칙적인 생활에 적응하지 못해 자퇴했다. 그 후 옮겨간 마드리드 왕립미술학교에서도 마찬가지였다. 집으로 돌아와 습작을 시작한 피카소는 르누아르, 로트레크, 뭉크 등의 화법에 영향을 받았고, 1901년 20살을 맞은 후 파리에 정착, 몽마르트 언덕에 모여들던 젊은 예술가들의 무리에 합류했다.

초창기 그의 작품은 '청색시대'라고 불린다. 20대 초반의 피카소가 머물던 몽마르트의 '바토 라부아르(세탁선)'라는 목조 건물은 요즘 우리나라로 치면 고시원처럼 30여 가구가 다닥다닥 붙어 사는 곳이었다. 욕실도 하나밖에 없었으며 위생 상태도 형편없었다. 당시 파리는 만국박람회를 개최하는 등 화려한 번영을 누리고 있었으나 그 뒷골목으로 한 발짝 들어서면 빈곤과 질병, 비참한 청춘들이 있었다. 피카소 역시 좁디좁은 방에서 가난과 싸우며 지냈고, 우울함을 상징하는 푸른색으로 친구들인 하층 계급과 예술가들의 모습을 그림에 담았다. 파리에서 함께 지낸 친구 카를로스 카사헤마스의 자살로 그의 작품은 더욱 어두운 모습을 띠게 된다.

우울한 청색에 물들어 있던 피카소의 삶과 작품이 장밋빛으로 바뀐 것은 1904년, 23살의 나이에 첫 번째 연인인 동갑내기 모델 페르낭드 올

청년 시절 피카소가 살았던 몽마르트 언덕 위의 목조 건물, 바토 라부아르.

리비에와 사랑에 빠지면서부터이다. 후일 페르낭드가 묘사한 바에 따르면 이들의 만남은 마치 영화처럼 이뤄졌다. 장대비가 퍼붓던 어느 날, 바토 라부아르 근처에서 비를 피하던 페르낭드는 길 잃은 새끼 고양이를 안고 오던 젊은 피카소와 마주친다. 작은 키에 가무잡잡한 얼굴을 한 그는 빨려들 것 같은 깊은 눈을 갖고 있었다고 페르낭드는 회고한다. 이들은 곧바로 피카소의 작은 방에 들어갔고, 둘의 인연은 그렇게 시작됐다. 페르낭드는 당시 남편이 있는 유부녀였으나 피카소와의 사랑은 거침이 없었으며, 두 사람은 9년이라는 시간을 함께했다.

'세탁선'에서 함께한 페르낭드와의 생활은 궁핍했지만 낭만이 넘쳤다. 피카소의 집에는 언제나 가난한 예술가들이 모여들었으며 페르낭드가 없는 살림에 만들어 내놓은 '맛없는 요리'들을 먹었다. 페르낭드는 낡은 냄비에 양배추와 당근, 감자, 양파, 강낭콩 등을 넣고 찌개 비슷한 요리를 만들었다. 조금 여유가 있을 때 넣을 수 있는 재료는 베이컨 몇 조각이었다. 아마도 그녀는 당장 구할 수 있는 식재료들을 글자 그대로 '몽땅 때려넣어' 피카소의 친구들을 대접했을 것이다. 남은 식재료마저 떨어지면 페르낭드는 근처 음식점에 식사를 주문했다. 그리고는 배달부에게 "제가 지금 홀딱 벗고 있어요."라고 말해 돌려보낸 후 나중에 음식 값을 갚았다고 한다.

가난을 함께 견뎌온 지 10년이 되어갈 무렵, 피카소는 드디어 화가로서 인정을 받고 돈을 모으기 시작한다. 하지만 집안 살림이 호화스러워질수록 두 사람의 관계는 멀어졌다. 결국 피카소는 그녀를 버리고 에바라는 여인과 새로운 사랑을 시작한다.

명성을 얻게 된 피카소는 이제 레스토랑을 드나들며 호화로운 음식들을 먹었을 것 같지만 의외로 이런 생활을 즐기지는 않았던 듯하다. 병약했던 에바와의 짧은 사랑이 그녀의 죽음으로 끝나고, 피카소는 러시아 출신의 발레리나 올가와 첫 결혼식을 올린다. 올가는 몸매 관리를 위해 식단을 철저히 절제했으며, 그녀가 피카소와 드나드는 레스토랑은 예술계의 유명 인사들과 만나는 사교의 장소였다. 올가가 중시한 격식과 절차는 그를 숨 막히게 했다. 가난하지만 행복했던 시절의 친구들을 더 이상 만날 수 없게 된 피카소는 다시 고독해졌다고 한다.

이 무렵에 만난 여인이 마리 테레즈로, 17살 소녀인 그녀에게서 피카소는 새로운 영감을 얻는다. 당시 그가 주로 그린 정물들을 보면 가지에서 과일이나 채소가 자라나는 모습을 볼 수 있는데, 그 모체(母體)는 모델이 된 마리 테레즈의 몸이었다. 실제로 마리 테레즈는 육감적이고 풍만한 몸매를 지녔다고 한다. 어린 연인의 젊은 생명력으로부터 피카소는 탐스러운 열매를 빚어낼 수 있었던 것 같다. 1931년작 「원탁이 있는 정물」이나 마리 테레즈의 모습에 꽃과 과일을 소재로 한 「튤립 정물」은 관능과 싱그러움을 담고 있다.

이후 스페인 내란과 2차대전 등을 거치면서 피카소의 그림은 「게르니카」나 「통곡하는 여인」처럼 기괴하면서 어두운 색채를 띠기도 했다. 그의 작품들이 다시 밝아지기 시작한 것은 종전 후 남프랑스에 정착하면서부터이다.

7번째이자 마지막 연인인 자클린 로크와 함께 살던 말년에도 피카소가 추구한 것은 소박하고 친숙한 요리들이었다. 그 시절의 피카소를 말해주는 요리로는 그림으로도 유명한 뱀장어 스튜와 스패니시 오믈렛으로도 알려진 니스풍 오믈렛이 있다. 이 두 요리는 남프랑스와 스페인 등지에서 흔히 먹는 향토 요리로 유명 잡지 「보그」에 실리면서 더욱 유명해졌다. 1964년 피카소는 「보그」의 푸드 칼럼니스트 니네트 리옹과 인터뷰를 하면서 뱀장어 스튜와 니스풍 오믈렛의 레시피를 소개했다.

뱀장어 스튜는 토막 낸 장어에 양파와 버섯, 마늘 등을 넣고 레드 와인 한 병을 통째로 부어 뭉근하게 장시간 끓여낸 것이다. 스튜에는 타임과 월계수잎, 파슬리, 펜넬, 셀러리 등을 묶어 만든 부케가르니로 향을 낸다. 이 스튜는 프랑스에서 마틀로트라고도 불리는데 장어 외에도 잉어나 동물의 내장 같은 비린내가 강한 재료에 와인과 향신료를 넣어 푹 끓인다. 재료의 잡냄새를 없애기 위해 양파나 제철 채소에 각종 허브를 듬뿍 사용하는 것이 맛을 내는 포인트다. 뱀장어 스튜는 권지예의

냄비에 끓여낸 뱀장어 마틀로트 요리. 토마토를 넣어 새빨간 색이 난다.

동명 소설에도 등장하는데 아무래도 우리에게는 낯선 음식이어서인지 정작 주인공들이 함께 먹는 음식은 스튜가 아닌 삼계탕이다.

피카소는 자클린이 그를 위해 만든 뱀장어 스튜를 직접 그림으로 남기기도 했다. 부엌 창밖의 풍경을 묘사한 듯한 밝은 초록색 배경에 도마 위에 꿈틀거리는 장어 몇 마리와 관능적인 붉은색의 둥근 양파를 그린 그림이다. 여기서 장어는 남성성을, 양파는 여성성을 상징하는 것으로 볼 수 있다. 이 그림을 그릴 무렵의 피카소는 건강이 크게 악화돼 먹는 것 하나하나를 조심해야 했다고 하며, 자클린은 그를 위해 매끼 정성들인 메뉴를 준비했다.

"1960년 12월 3일. 자클린이 점심 식사로 만든 스튜를 위해. 이 그림을 바침으로써 그녀를 영원히 행복하게 해줄 수 있다면······."

　피카소가 그린 「뱀장어 스튜」에는 피카소의 이런 코멘트가 붙어 있다. 천하의 바람둥이 피카소도 노인이 되니 격정적인 연애보다는 마음을 편안하게 해주는 휴식 같은 사랑을 찾게 된 모양이다.
　한편 또 다른 요리로 소개된 니스풍 오믈렛 역시 화려함과는 거리가 먼, 심플한 메뉴다. 스페인식 오믈렛을 토르티야라고 하는데 달걀에 한두 가지 채소만을 넣어 그 자체의 맛을 즐긴다. '토르티야가 남미 사람들의 주식인 납작한 빵을 뜻하게 된 것은 스페인 정복자들이 고향에서 먹던 오믈렛과 비슷하다며 붙인 이름에서 유래했다. 잡지 「보그」에 실린 니스풍 오믈렛 레시피는 달걀에 양파와 토마토, 고추를 넣고 와인식초로 맛을 낸 올리브 오일에 부쳐낸 것이다.
　그리고 「보그」의 인터뷰에는 "이 요리의 과정은 어떤 접시를 준비하느냐에 달려 있다."는 언급이 있다. 피카소가 음식의 재료와 맛뿐만 아니라 담아내는 모양새에도 공을 들였음을 암시하는 부분이다. 그에게 있어 식탁은 그림의 배경이 되는 캔버스와 같은 존재였다. 손님이 오기를 기다리면서 재료를 늘어놓은 후 와인을 따서 조금씩 마시며 요리를 한다. 손님이 올 무렵이면 자연스럽게 기분이 붕 뜨면서 흥겨운 파티가 시작되는 것이다. 피카소의 이런 까탈스러운 취향에 맞춰 자클린은 식당 뿐 아니라 지하실과 다락방, 작품을 쌓아두는 창고 같은 예상치 못한 장소에 피카소를 위한 식탁을 차렸다고 한다.
　그리고 그 식탁에는 호화스러운 요리보다는 수수한 음식들이 대부분이었으며, 특히 피카소가 오랫동안 활동한 스페인 카탈루냐 지방 음식들이 주를 이루었다. 그가 고향과 젊은 시절을 떠올리며 먹었던 점심 메뉴로는 파에야가 있다. 커다란 철판에 각종 해물을 넣고 볶아내는 스페인식 볶음밥인 파에야는 피카소에게 소울 푸드와도 같았다. 어느 날 그는 한 부인에게 대접받은 파에야가 마음에 들지 않았던지 "홍합, 바다가재, 오징어, 사프란, 쌀 등이 모두 들어갔네요. 아! 그런데 요리사가 빠졌군요!"라는 독설을 날렸다는 일화도 있다.

발렌시아 지방이 원조인 파에야는 15세기까지 스페인을 지배했던 무어인들의 영향을 받은 음식이다. 기본 재료로는 쌀과 각종 채소 외에 닭고기나 토끼고기, 콩, 식용 달팽이 등이 들어간다. 소박한 서민의 음식이었던 파에야가 갑작스럽게 고급 요리로 대접받게 된 것은 향신료인 사프란이 들어가면서부터이다. 한국에서 구입하려면 한줌에 몇 만원씩 하는 사프란은 꽃의 수술을 일일이 손으로 따서 말린 것이다. 워낙 비싸다보니 그대로 쓰이기보다는 따뜻한 물에 불려 사용하는 일이 많으며 음식에 독특한 풍미와 샛노란 색을 입혀준다.

볶음밥과 비슷하다고 앞에서 말했지만 파에야를 만드는 과정은 볶음밥과는 약간 다르다. 기본 재료들과 쌀을 뜨거운 철판에 볶은 다음 육수를 부어 가면서 눌어붙지 않도록 저어준다. 이미 지어놓은 밥을 쓰는 게 아니라 쌀과 다른 재료들을 함께 익히는 셈이다. 그래서 파에야를 먹다 보면 쌀알이 꼬들하게 씹히는 느낌이 있다. 우리나라 사람들이 돌솥비빔밥의 누룽지를 좋아하듯, 스페인 사람들도 '소카라다'라고 불리는 파에야 누룽지를 가장 좋아한다고 한다.

예술과 미식에 바친 에너지만큼 피카소는 삶의 열정 대부분을 사랑에 바쳤다. 첫 연인인 페르낭드에게 그는 집착이 심한 애인이었으며, 사

해물 파에야가 조리되는 모습. 야외에 대형 팬을 가져다놓고 불을 피워 익히는 파에야는 원래 농민들의 간단한 점심이었다.

랑하는 사람이 있음에도 외도하는 것을 아무렇지도 않게 여겼다. 그에게 버림받은 마리 테레즈가 피카소의 사후 자살했으며, 전 애인이 낳은 친자식이 찾아와도 나 몰라라 했다는 것을 보면 어떤 기준에서 보더라도 그는 나쁜 남자가 분명해 보인다. 다만 유일하게 피카소를 먼저 떠난 6번째 연인 프랑수와즈 질로의 말로 미루어 그의 매력이 어떤 것이었는지 약간은 짐작해볼 수 있다.

"저는 저희 아버지나 남자친구와는 대화가 되지 않는데 저보다 세 곱절 연상인 당신과 말이 통하는 것이 믿어지지 않아요."

그런가하면, 그녀는 아래와 같은 말로 피카소와 헤어진 이유를 설명하기도 했다.

"나는 인간적인 따뜻함이 필요했다. 그리고 그것이 가능하다고 생각했으며 노력도 했다. 그러나 파블로에게서는 인간적인 따뜻함은 얻을 수 없다는 것, 그와 그의 일에 나 자신을 바침으로써 얻어지는 기쁨 이외의 것은 아무것도 얻을 수 없다는 사실을 차츰 알게 되었다. 인간이란 불행할 때 자기가 사랑하는 사람으로부터 위안을 얻는 법인데 난 아무런 위안을 받지 못한다. 오히려 비난만 받을 것이다."

16. 1930년대 경성, 술 권하는 뒷골목

_ 현진건이 본 식민지시대 선술집 풍경과 내장 요리

이 사회란 것이 내게 술을 권한다오. 이 조선 사회란 것이 내게 술을 권한다오. 알았소? 팔자가 좋아서 조선에 태어났지, 딴 나라에서 났다면 술이나 얻어먹을 수 있나……

_ 현진건, 「술 권하는 사회」 중에서

매일 밤 술에 절어 들어오는 무력한 '지식인' 남편의 모습에 술맛도, 세상 물정도 알지 못하는 아내의 마음은 바늘 귀에 실을 꿰지 못하는 손가락마냥 답답하기만 했을 것이다. 무늬는 일본 유학 출신 엘리트, 실상은 고학력 백수로 세월을 보내야 했던 식민지 시대 지식인들의 모습은 오늘날 'N포 세대'와도 닮아 씁쓸함을 더한다.

새로운 세상에 대한 동경과 열망으로 고등교육을 받았던 1930년 무렵 지식인들의 현실은 참담했다. 학교에서 배운 이상을 빼앗긴 조국에

165

서 실현할 기회는 주어지지 않았다. 남들이 말하는 '번듯한 지위'를 가지려면 일제에 부역하는 것 밖에는 다른 선택의 여지가 없었다.

소설가이면서 기자였던 현진건은 「빈처」, 「술 권하는 사회」 등의 단편을 통해 자조 섞인 목소리로 희망 없는 시절을 묘사했다. 1900년 대구에서 출생한 그는 서당에서 한문을 배운 후 일본으로 건너가 세이조 중학교에서 유학을 마치고 중국 상하이의 후장대학에서 수학했다. 1917년에는 대구에서 동인지 「거화」에 이상화, 백기만, 이상백 등과 함께 초창기 멤버로 참여하기도 했다.

1921년 「조선일보」에서 기자생활을 시작한 현진건은 「동명」, 「시대일보」, 「동아일보」 등에서 일하다 1936년 베를린 올림픽 당시 손기정 선수의 일장기 말소 사건에 연루돼 1년간 옥고를 치렀다. 그가 소설가로 데뷔한 것은 1920년 문예지 「개벽」에 단편 「희생화」를 발표하면서 부터이다. 신학문을 배우던 젊은 남녀가 사랑에 빠지지만 남자는 집안에서 강요하는 정략결혼을 피해 도망치고 여자는 상사병에 목숨을 잃고 만다는 내용의 「희생화」는 문단에서 썩 좋은 평가를 받지는 못했다. 이듬해 자전적 소설 「빈처」를 발표한 후부터 현진건은 비로소 작가로 주목을 받게 된다.

「빈처」를 비롯한 현진건 초기 작품 속 지식인 남성은 술독에 빠져 재산을 탕진하거나, 돈이 되지 않는 글에 매달리며 주변 사람들로부터 '루저' 취급을 당한다. 그의 초기작인 「술 권하는 사회」, 「타락자」 등을 보면 유학에서 막 돌아왔을 청년이 겪는 좌절과 고민들이 담겨 있다. 특히 「빈처」에서 세간을 팔아가며 근근이 살림을 꾸려가는 아내가 처가에 가서 부유하게 사는 처형을 부럽게 바라보는 장면을 보면 그가 느꼈

비판적 현실 인식을 사실주의로 풀어낸 주옥 같은
문학작품을 남긴 작가 현진건.

을 열등감을 짐작할 수 있다. 실제로 현진건의 아내는 경주에서 알아주
는 부호 집안의 딸이었다고 한다.

그런데 한 가지 흥미로운 점이 있다. 이런 어려운 현실 속에서도 현진
건은 아내만을 사랑한 애처가였다는 사실이다. 일제 강점기 때 이른바
신교육을 받은 남성들 상당수가 조혼한 아내를 나 몰라라 하며 밖으로
돌았던 것을 생각하면 놀라운 일이다. 동시대 작가 김동인은 아내를 버
리고 평양에서 서울로 거처를 옮기며 기생집을 전전했다. 또 이광수는
의사인 허영숙과 화가인 나혜석 사이에서 '양다리'를 걸치며 월수금에
는 허영숙을 만나고 화목토에는 나혜석을 만나자는, 오늘날 기준으로
보아도 어처구니없는 제안을 한 것과 대조되는 모습이다(참고로 김동인
과 이광수는 후일 대표적인 친일 문인으로 불린다).

현진건의 지인들은 하나같이 그에 대해 "아내만을 사랑한 사람이었다."고 증언한다. 시인 백기만은 "자기보다 2살 더 먹은 아내를 일생을 두고 한결같이 사랑하였을 뿐이요, 다른 여자하고는 깊은 관계를 맺은 일은 없었다."고 증언했으며, 동료 문인이었던 방인근은 "요릿집에서 술자리를 같이할 때, 기생이 옆에 와서 지근덕거리면 미남에다가 신문 기자라면 기생들이 홀딱 반해서 덤벼드는 시절이니 그러면 빙허(현진건의 호)는 좋아하는 체 대꾸를 하면서도 쌀쌀하게 범접치 못할 기상으로 난잡하게 굴지 않는다."고 회고하고 있다. 현진건의 아내 이순득도, 남편이 아침에 새로 입고 나간 항라 두루마기와 비단 마고자가 술 때문에 엉망이 되어 들어와도 불평 한마디 하지 않았다고 전한다.

그의 대표작 「운수 좋은 날」을 보면 입은 험하지만 병든 아내를 위해 설렁탕을 사오는 남편의 모습이 묘사돼 있다. 농촌을 배경으로 한 단편 「불」에서는 성에 대해 무지한 어린 여성이 낮에는 중노동에, 밤에는 남편과의 억지 잠자리 때문에 고통받는다. 이런 내용을 남성 작가가 썼다는 것이 꽤 신기한 일이다. 어쩌면 그는 아내로부터 당시의 사회적 약자가 겪는 아픔을 전해들은 것이 아닐까 싶기도 하다.

「술 권하는 사회」의 지식인 남편처럼, 실제 현진건도 알아주는 술고래였다고 한다. 당시 시대에 떠밀려 부유하던 청춘들은 쓰디쓴 술을 마셔가며 절망을 달랬다. 김동인과 같은 친일 문인들은 요릿집에 드나들며 고급술을 마셨지만 가난한 룸펜들은 주로 막걸리를 대포로 마시는 선술집을 단골로 삼았다.

하루는 잡지 「조선문단」에 함께 작품을 기고하던 염상섭과 김동인, 나도향, 양주동 등과 술을 마시는데 저마다 "나는 조선의 괴테가 될 테니 자네는 톨스토이가 되게.", "나는 베를렌이 될 테니 너는 체호프가

일제 강점기 경성의 거리 풍경.

되라." 등의 주정을 늘어놓았다. 이때 현진건이 나서서 "그놈의 톨스토이, 괴테 좀 집어치우시오."라고 큰소리를 쳤다는 이야기가 전해진다.

현진건의 술버릇은 은근히 좀 험했던지 「동아일보」 사회부장으로 재직하던 시절 〈명월관〉에서의 송년 회식 자리에서도 당시 사장에게 "이놈아, 먹어, 먹으라고." 하며 술을 강권하다 뺨까지 때렸으나 다행히(!) 잘리지는 않았다고 한다. 그때 술자리에 있던 「동아일보」 사장은 송진우였다는 설과 김성수였다는 설이 엇갈린다.

그런가 하면 전 「동아일보」 편집국장을 지낸 우승규는 병자년 수해가 있던 1936년 수재의연금을 모으러 창의문 밖에서 가진 모임에서 현진건이 '위험발언'을 한 적이 있다고 회고한다. 당시 현진건은 술에 취한 채 "일본인에게 기대지 말고 우리끼리 '자족자구'하자!"고 외쳤는데 공교롭게도 옆자리에 일본 경찰이 있었던 것이다. 조선인이 일본인

을 부를 때는 '내지인(內地人)'이라고 불러야 했던 시절이기에 자칫 쇠
고랑을 찰 수도 있는 상황이었다.

술에 대한 본인의 '철학'을 현진건은 직접 글로 표현한 적도 있었다.
다음은 '만일 금주법이 실시된다면'이라는 질문에 대해 현진건이 한
대답이다.

"돈이 없어서 못 먹으니 차라리 끊어버리는 것도 나을 듯 싶어서
벌써부터 끊으려고 하는데요. 그런데도 세상 사람들은 날 보고 애
주가로 인증하니 참 딱한 일입니다. 우선 귀사에서도 많은 인사를
제쳐놓고 나에게 물어보시는 것은 내가 술을 좋아한다고 해서 구
태여 물어보시는 줄 압니다. 혹 먹고 싶으면 어떻게 하겠느냐고?
배운 재주라 그렇게 쉽게 버릴까 하는 것도 의문은 됩니다. 정 먹
고 싶으면 카포네(미국 금주법 시절 밀주 사업으로 재산을 축적한 마피
아) 노릇이나 해야 먹게 될 줄 압니다."

_ 1932년 7월 1일자 「삼천리」 기사에서

현진건과 동료들이 찾았을 1930년대의 선술집 풍경은 어땠을까. 소
설 「삼대」에서 친구 김병화에 이끌려 〈바커스〉에 가게 된 조덕기는 안
주로 나오는 어묵(오뎅)과 싸구려로 보이는 노란 술에 눈살을 찌푸린다.
부잣집 도련님의 취미에 맞지 않았다는 언급으로 미루어 그다지 점잖
은 장소는 아니었던 모양이다. 조금 더 자세히 들어가 보면 1938년에 가
수 김해송이 음반으로 취입한 「선술집 풍경」이라는 노래가 있다. 이 노
래 가사에는 당시 서울 뒷골목에 옹기종기 자리 잡은 허름한 술집의 모

습이 생생하게 묘사돼 있다.

모여든다 모여들어

어중이떠중이 모여들어

홀태바지 두루마기 온갖 잡탕이 모여든다

얘 산월아 술 한 잔 더 부어라

술 한 잔 붓되 곱빼기로 붓고

곱창 회깟 너버니 등속 있는 대로 다 구우렷다

어 술맛 좋다 (꺽) 좋아 (꺽) 좋아 (꺽)

선술집은 우리들의 파라다이스

모여든다 모여들어

어중이떠중이 모여들어

당코바지 방갓쟁이 닥치는 대로 모여든다

얘 일선아 술 한 잔 더 내라

술 한 잔 내되 찹쌀 막걸리로 내고

추탕 선지국 뼈다귀국 기타 있는대로 다 뜨렷다

어 술맛 좋다 (꺽) 좋아 (꺽) 좋아 (꺽)

선술집은 우리들의 파라다이스

모여든다 모여들어

어중이떠중이 모여들어

고야꾸패 조방군이 박박 긁어 모여든다

얘 연화야 술 잔 더 내라

술 한 잔 내되 네 분 손님으로 내고

열다섯 잔 술안주로다 매운탕 좀 끓이렷다

어 술맛 좋다 (꺽) 좋아 (꺽) 좋아 (꺽)

선술집은 우리들의 파라다이스

"곱창, 회깟, 너버니", "추탕, 선지국, 뼈다귀국", "매운탕" 등의 대목에서 그 시절 술꾼들이 즐기던 안주를 짐작할 수 있다. 오늘날에도 소주 안주로 인기 있는 곱창에, 이름도 낯선 회깟은 간과 천엽, 양, 콩팥 등의 내장을 회로 먹는 것이었다고 한다.

대부분이 값싼 재료인 가운데 유독 내장 요리가 많은 것이 눈에 띈다. 지금보다 고기가 귀하던 시절, 양질의 살코기를 먹을 수 없던 서민들에게 내장은 싼 값에 단백질을 보충할 수 있는 식품이었다. 그러고 보니 「운수 좋은 날」에 나오는, 뼈를 푹 고아낸 설렁탕도 당시 서민들이 선택할 수 있는 가장 사치스러운 메뉴 중 하나였을 것이다.

동서양을 막론하고 동물의 내장은 거의 대부분이 하층민의 식품이었다. 있는 사람들은 먹지 않는, 피비린내와 잡내가 나는 내장을 먹을 만한 것으로 가공하는 데에는 적지 않은 수고가 필요했다. 대표적인 내장 음식인 곱창만 해도 밀가루를 뿌리고 속을 뒤집어 빨래하듯 뽀득뽀득 씻어내야 먹을 수 있는 것이 된다. 마장동 우시장에 가면 1킬로그램에 5,000원이면 살 수 있는 곱창이 전문점에서 몇 배로 비싸지는 이유는 여기에 있다.

한편 미국의 흑인노예들이 먹던 소울 푸드, '치터링(Chitterling)'이라는 음식은 냄새가 훨씬 심한 돼지 곱창이 재료이다 보니 요리하기가 더욱 까다롭다. 이들이 내장 냄새를 없애기 위해 쓰는 방법은 향이 강한 허브를 넣고 푹 삶는 것이다. 월계수잎과 양파, 정향 외에 때로는 샤프란 같은 고급 향신료가 쓰이기도 한다. 삶을 때 나오는 엄청난 기름을 제거하는 것도 필수 과정이다.

이탈리아 피렌체의 길거리 음식 중에도 양과 벌집 같은 소 내장에 각종 향미 채소를 넣고 삶아내 매콤한 소스를 뿌리고 빵에 끼운 샌드위치가 있다. 다만 이 메뉴는 현지 사람들에게는 조금 마이너한 음식으로 알려져 있다고 한다. 한국인 관광객들이 잘 먹다보니 아예 한국어 팻말을 걸고 장사하는 곳들도 있다.

우리나라에서 가장 친숙한 내장 요리 하면 순대를 먹을 때 딸려 나오는 간과 허파, '암뽕'이라고 불리는 암퇘지의 자궁 등이 있다. 또 곱창집에 가면 곱이 들어찬 곱창과 하얀 기름이 꽃을 피우는 대창, 염통이 모둠 세트로 나온다. 생으로 먹는 간과 천엽은 선도가 조금만 떨어져도 팔지 않기 때문에 곱창집 가는 날짜를 잘 맞춰야 한다는 마니아들이 적지 않다. 소의 생간은 일본에서도 '레바 사시미'라고 해서 즐겨 먹는 이들이 많았는데 몇 년 전 식중독 사고가 발생한 이후로는 맛볼 수 없게 되었다고 한다. 생간은 피가 고여 있는데다 특유의 냄새가 있어 못 먹는다는 사람들이 더 많지만 우유에 담가두면 비린내가 빠져 한결 먹기 편하다.

콜레스테롤 함량이 많은 내장은 사실 술안주로 썩 좋은 식품은 아니다. 그러나 씁쓸한 현실을 독한 술로 지워야 했던 식민지시대의 청춘들에게 내장은 싼 값에 영양을 보충하고 술맛을 돋우는 친구와도 같은 존재였을 것이다.

　이광수와 최남선 같은 친일 문인들이 일제에 협력하며 호의호식하는 동안, 현진건은 가난과 병마 속에서도 끝까지 일제에 투항하지 않은 채 불후의 명작을 남기고 불우한 삶을 일찍 마감했다. 와자지껄한 그 시절의 뒷골목 선술집 한 켠에는 '술 권하는 사회'에 울분을 삼키던 그의 흔적이 남아 있다.

17. 세기의 미녀, 달콤쌉싸름한 유혹 속으로

_ 오드리 헵번의 숨겨진 초콜릿 사랑

"날씬한 몸매를 가지고 싶다면 그대의 음식을 배고픈 자와 나누어라."

_ 샘 레벤슨

영화배우 오드리 헵번이 생전에 즐겨 읊었다는 시의 한 대목이다. 이런 시를 좋아했던 인물이 '식탐'을 이야기하는 이 책에 등장하니 의아해 하는 독자들이 많으리라 생각된다. 글래머형 미녀가 대세였던 1950~1960년대 당시 할리우드에 깡마른 몸매를 가진 그녀의 등장은 신선한 충격과 함께 많은 뒷말을 남겼다. 여배우들 사이에서는 그녀가 거식증에 걸렸다는 루머가 돌기도 했다고.

게다가 그의 행보를 보면 더더욱 식탐과는 거리가 멀어 보인다. 영화 스케줄로 바쁠 때에도 헵번은 두 아들, 션 페러와 루카 도티에게 동화책을 읽어주고 밥과 빨래를 직접 해주었으며 여배우답지 않게 매우 검소한 성격이었다고 한다. 그녀는 또 협찬받은 의상을 촬영 후 모두 반납했고, 아이들을 다 태울 수 없는데다 장보러 가기 불편하다는 이유로 갖고 싶어 하던 재규어 승용차도 사지 않았다. 가족에게만 살뜰했던 것이 아니라 유니세프 친선대사로 활동하며 제3세계의 어려운 아이들을 위해 많은 선행을 베풀기도 했다.

헵번이 날씬한 몸매를 유지할 수 있었던 비밀은 사실 좀 충격적이다. 제2차 세계대전이 한창이던 사춘기 시절 겪은 굶주림의 결과였던 것. 1929년 영국의 은행가인 아버지와 네덜란드 귀족인 어머니 사이에서 태어나 벨기에와 영국, 네덜란드를 오가며 성장한 헵번은 부모가 이혼한 후 10대 시절의 대부분을 네덜란드 아른헴에서 보냈다고 한다.

아른헴은 1944년 유명한 마켓 가든 작전이 벌어진 곳이었다. 벨기에와 알자스-로렌까지 진격한 연합군은 보급 문제로 아른헴에서 잠시 지체하다 대규모 공수부대를 투입, 라인 강을 돌파해 독일 본토로 진입하고자 했다. 그러나 이 작전은 영국 1공수사단이 독일군의 반격으로 궤멸되면서 실패한다. 전쟁통에 휘말린 어린 헵번은 튤립 구근까지 캐먹어야 할 정도로 굶주렸다. 종전 후 영국에 돌아왔을 때 그녀의 몸은 전쟁난민 지원모금을 위한 홍보 포스터의 모델이 될 정도로 피골이 상접해 있었다.

물론 성장한 후에는 어느 정도 건강을 회복했고 여배우로 활동하면서 조금씩 식단 조절을 했다고 하는데 그 와중에도 그녀가 포기하지 못했던 음식이 하나 있다. 바로 제2차 세계대전 때 먹을 것이 없어 굶어죽기 직전 한 네덜란드 병사가 건네줬다는 초콜릿이다. 아사에서 구해준

영화 「티파니에서 아침을」에 출연한 모습을 재현한 오드리 헵번의 밀랍 인형. 우아한 검정색 지방시 드레스와 긴 장갑은 그녀의 트레이드 마크로도 불린다.

음식이었으니 애착을 갖게 된 것도 무리가 아니다. 초콜릿만큼은 끊을 수가 없었던 헵번은 체중관리를 할 때 다른 간식의 양을 줄이는 식으로 타협을 보았다고 한다.

유서 깊은 귀족 가문에서 태어났지만 어린 시절에는 부모의 이혼과 전쟁으로 어려운 성장기를 보낸 헵번은 20대가 되어서 인생의 또 다른 전환점을 맞이한다. 원래는 발레리나를 꿈꿨지만 키가 갑작스럽게 크는 바람에 모델로 진로를 변경했다가 영화사의 러브콜을 받고 배우의 길을 걷게 된 것이다. 「로마의 휴일」, 「사브리나」, 「전쟁과 평화」, 「화니 페이스」 등의 영화에서 그녀는 우아하고 기품이 넘치면서도 요정처럼 귀여운 매력의 캐릭터들을 선보였다. 특히 「로마의 휴일」의 앤 공주 역할은 헵번에게 아카데미 여우주연상을 안겨준 인생작이 됐다. 전 세계의 많은 여성들이 그녀를 따라 긴 머리를 커트했고, 영화의 배경이 된 스페인 계단은 지금도 아이스크림을 먹는 관광객들로 붐빈다.

1960년대 들어 헵번은 「티파니에서 아침을」을 통해 연기 변신을 시도한다. 그녀가 맡은 역할인 홀리 골라이틀리는 텍사스 출신 농부의 아내였다가 뉴욕으로 와서 신분상승을 꿈꾸는, 이른바 '된장녀'에 가까운 캐릭터이다. 부자들의 데이트 상대가 되어주는 '파티 걸'인 홀리는 우울한 날이면 티파니 보석상 앞에서 빵과 커피를 우물거리며 다가갈 수 없는 화려한 세계를 꿈꾼다. 영화 속에서 그녀가 입고 나온 지방시 드레스는 헵번을 당대의 패션 아이콘으로 자리 잡게 만들었다. 이후에도 헵번은 스파이 영화 「샤레이드」와 「마이 페어 레이디」 등을 통해 세계적인 배우로서의 명성을 쌓아 나갔다.

미국 타임 사에서 발행하는 잡지 「피플」은 1990년에 오드리 헵번을 '세상에서 가장 아름다운 사람 50인' 중 한 명으로 선정하기도 했다. 또한 1997년 영국 「엠파이어」 잡지사에서 선정한 역대 최고의 영화배우 100명에도 그녀의 이름이 포함돼 있다.

배우로서의 명성 외에도 헵번은 '아름답게 나이 든다는 것'의 모범을 보여준 인물로도 유명하다. 1988년 유니세프의 명예대사로 임명된 그녀는 남미와 아프리카에서 학교도 제대로 가지 못하고 굶주리는 어린이들을 돕는 일에 나섰다. 영어와 네덜란드어, 스페인어, 프랑스어, 이탈리아어 등에 능통했던 헵번은 민간 외교사절로서의 역할을 훌륭하게 수행했다. 삶의 마지막 순간까지 남을 돕는 일에 헌신한 그녀에게 1993년 아카데미영화협회는 인도주의상을 수여했다.

아즈텍인들이 그린 벽화에 다양한 모습으로 초콜릿 음료가 등장한다. 초콜릿은 '신의 음식'이라고 불릴 만큼 아무나 먹을 수 없는 귀한 식재료이기도 했다.

헵번이 평생 동안 사랑한 음식, 초콜릿은 한때 부유한 귀족들이나 맛볼 수 있는 값비싼 식품이었다. 원산지인 아즈텍에서 카카오 열매가 화폐 대신 이용됐다는 것도 잘 알려진 이야기다. 아즈텍인들은 쓰디쓴 카카오콩을 분쇄한 후 옥수수가루를 넣고 죽처럼 끓여서 바닐라와 꿀 등을 섞어 마셨다. 향신료를 더했다고는 하지만 이렇게 마시는 초콜릿은 오늘날 우리가 먹는 것과는 달리 쓰디쓴 맛이었을 것이다. 애초에 초콜릿의 어원인 '쇼콜라틀'은 '쓰다'는 의미를 갖고 있다. 지금도 멕시코에 가면 당시의 초콜릿 음료와 비슷한 것을 맛볼 수 있다. 에스프레소 커피 같은 쓴맛에 칠리 파우더를 섞은 것이어서 호불호가 갈리지만, 추울 때 마시면 몸을 따뜻하게 해주며 자양강장에 효과가 있다.

우리나라에서는 10여 년 전 카카오 99% 초콜릿이 반짝 유행했다가 '타이어 맛', '크레파스 맛'이라는 악평만을 남기고 조용히 사라졌다. 당연히 쓴맛 때문이지만 가만히 음미해보면 견과류에서 느낄 수 있는 은은한 단맛이 난다. 고급 전문점에서 파는 핫 초콜릿 역시 카카오콩 냄새로 짐작되는 너트 향을 풍긴다.

본고장인 남미에서는 초콜릿을 디저트뿐 아니라 다양한 요리에 응용한다. 대표적인 것이 몰레 소스인데 초콜릿은 단맛을 내기 위해서가 아니라 맛을 더 깊게 하기 위해 넣는 것이다. 카카오 함량이 높은 쓴 초콜릿에 각종 견과류와 건포도, 올스파이스나 계피 같은 향신료, 여러 종류의 칠리 고추를 볶아서 간 다음 기름을 섞어가며 고기국물에 자작하게 끓여낸다. 영화 「달콤쌉싸름한 초콜릿」에서 여주인공이 냄비에 끓이고 있는 진한 갈색 액체가 바로 몰레 소스다. 또 카카오콩을 으깬 '니브'를 발사믹 식초에 섞어 드레싱으로 사용하는 등 초콜릿의 활용 범위는 생각보다 넓다. 최근 들어 카카오 니브는 항산화 성분이 풍부하다고 해서 건강식으로 각광받고 있다.

최초로 카카오 열매를 유럽에 가져간 사람은 15세기 말 크리스토퍼 콜럼버스이다. 그러나 초콜릿이 본격적으로 보급된 계기는 스페인 정복자인 에르난 코르테스가 16세기 중반 카를로스 1세에게 진상하면서부터로 알려졌다. 유럽인들은 초콜릿의 쓴맛을 줄이기 위해 설탕을 타서 마셨으며 17세기에는 초콜릿을 전문적으로 파는 초콜릿 하우스가 생겨났다고 한다. 마시던 초콜릿이 파우더로 가공된 것은 1679년이며, 네덜란드의 판 후텐은 카카오 매스에서 지방을 추출해 카카오 버터를 만드는 기술을 개발했다. 오늘날 같은 형태의 밀크 초콜릿은 1876년 스위스의 다니엘 페터와 앙리 네슬레에 의해 만들어졌다. 여기에 과자나 다른 재료에 덧씌울 수 있는 커버처 초콜릿이 발명된 이후 초콜릿은 각종 디저트에 빠질 수 없는 필수 재료로 자리 잡게 된다.

파스텔화의 거장으로 꼽히는 스위스 화가 장 에티엔 리오타르가 그린 「초콜릿을 따르는 아가씨」(1744).

그러나 초콜릿이 대중화된 이면에는 어두운 역사도 숨어 있다. 유럽의 초콜릿 수요가 증가하자 제국주의 열강들은 원산지인 중남미와 아프리카 식민지에서 플랜테이션 농업을 통해 초콜릿을 대량 생산하기 시작했다. 2차대전이 끝난 후 제3세계 국가들은 식민 지배에서 해방됐으나 여전히 이들은 저임금 착취 구조에서 벗어나지 못하고 있다. 선진국의 거대 식품회사들과 유통 업체들의 알력에 의해 농민들이 재배한 카카오가 헐값에 팔려 나가기 때문이다. 제 값을 받지 못한 농작물을 아무리 많이 판다고 해도 이들에게 돌아오는 것은 가난뿐이다.

플랜테이션 형태의 카카오 농장은 또 하나의 문제를 안고 있는데 그것이 바로 아동노동이다. 전 세계 카카오 생산량의 70%는 가나와 코트디부아르 같은 서아프리카 국가들에서 충당되는데 이들 국가는 인건비를 아끼기 위해 어린이들을 농장에서 일하도록 하는 경우가 많다. 이 과정에서 인신매매와 노예계약이 빈번하게 일어나며 아이들은 하루 종일 열매를 따고 다듬고 건조시키는 일을 한다. 작업에 사용되는 칼날에 다치는 어린이들도 상당수다.

이러한 문제들을 해결하기 위해 나타난 것이 이른바 공정무역운동이다. 공정무역이란 생산자들이 생산 원가와 생계비를 보장받을 수 있도록 공정한 가격을 지불하는 무역을 말한다. 제 값을 내고 원료를 사오는 대신 중간 유통과정을 배제해 소비자 입장에서도 비싸지 않은 가격으로 상품을 구입할 수 있다. 영국의 국제구호기구 옥스팜에서 1960년대 시작된 공정무역운동은 곧 각국으로 번져 나가게 된다. 공정무역의 대상이 되는 상품으로는 커피와 꽃, 각종 열대과일 등이 있으며 초콜릿역시 여기에 포함된다. 우리나라에서도 최근 몇 년 전부터 아름다운 재

17세기 런던의 초콜릿하우스(커피하우스). 계몽주의시대에 커피하우스는 주로 남성들이 드나들었으며, 사회 변혁을 꿈꾸는 이들의 토론장이었다.

단 등을 시작으로 공정무역 제품들을 취급하고 있다.

　오늘날 초콜릿이 쉽게 사먹을 수 있는 간식이 된 데에는 또 다른 함정이 숨어 있다. 값싼 팜유의 도입으로 인한 품질 저하가 그것이다. 허시와 네슬레 같은 글로벌 식품업체들은 초콜릿을 만들 때 값비싼 카카오버터 대신 팜유를 사용하기 시작했고 그 결과 단가는 내려간 대신 초콜릿의 맛과 질은 크게 떨어졌다. 우리나라에 유통되는 초콜릿과 초콜릿과자도 팜유를 이용한 것이 대부분이다. 이런 제품들은 카카오버터를 이용해 제대로 만든 초콜릿 맛에 크게 못 미칠 뿐 아니라 포화지방으로 이뤄져 있어 건강에도 좋지 않다.

　팜유 사용으로 인한 문제점은 맛과 영양에 그치지 않는다. 팜유의 원료가 되는 종려나무과 식물을 재배하기 위해 식품업체들이 열대우림을 파괴하고 있기 때문이다. 최근 들어 허시와 마스(Mars) 같은 기업들은 팜유 대신 다른 식물성 유지를 사용하겠다고 선언했다. 그러나 카카오의 재배 면적이 점점 줄어들고 있는데다 팜유를 다른 재료로 대체하려면 적지 않은 비용이 든다. 이런 추세가 계속된다면 초콜릿은 다시 근세 유럽에서처럼 귀한 음식이 될 수도 있을 듯하다.

초콜릿이라는 단어를 들으면 많은 이들이 단맛을 먼저 떠올린다. 그러나 초콜릿의 원료인 카카오는 쓰디쓴 맛을 지니고 있다. 달콤한 초콜릿은 심신을 안정시키고 기분을 붕 뜨게 만들지만, 이 초콜릿이 대중화되기까지는 많은 부조리와 어린이들의 눈물이 있었다. 그래서 사람들은 초콜릿 맛을 '달콤쌉싸름하다'고 표현하는지도 모른다.

어린 시절 굶어 죽을 뻔한 고난을 겪었고, 젊어서는 만인의 연인으로 한 시대를 풍미했으며 만년에는 자신처럼 굶주렸던 아이들을 돌보며 아름다운 족적을 남긴 오드리 헵번. 그녀의 인생도 왠지 쓴맛과 단맛이 섞인 초콜릿을 닮은 것 같다. 어쩌면 이런 파란만장한 삶을 살았기에 그녀는 인생역전을 꿈꾼 「티파니에서 아침을」의 홀리나 「마이 페어 레이디」의 꽃 파는 처녀 일라이자에서, 단 하루의 달콤한 자유를 맛보는 「로마의 휴일」의 고귀한 앤 공주까지 다채로운 역할들을 소화해낼 수 있었을 것이다.

18. 로큰롤 제왕의 소울푸드는?

_ 샌드위치와 1960년대 미국 음식 문화

"또 땅콩버터 샌드위치야."

찰리 브라운이라는 이름으로 더 유명한 찰스 슐츠의 만화 「피너츠」에서 주인공은 점심 도시락을 풀어보고 이렇게 불평한다. 미국 어린이들이 도시락, 하면 떠올린다는 메뉴가 바로 땅콩버터 샌드위치라고 한다. '피너츠'라는 만화 제목도 혹시 여기서 유래한 것은 아닐까 생각도 든다.

땅콩버터에 잼(보통 포도잼이나 딸기잼)을 겹쳐 바른 이 샌드위치는 지극히 미국적인 식문화를 나타내는 음식 중 하나로 꼽힌다. 미국산 땅콩버터 제품에는 병 속에 아예 잼을 함께 넣은 것까지 있을 정도이다. 땅콩버터 샌드위치가 너무 흔한 메뉴이다 보니 찰리 브라운처럼 싫어하는 사람들도 많지만, 외국에 나가거나 하면 생각난다는 미국인들의 소울푸드이기도 하다.

버터라는 이름이 붙어 있으나 땅콩버터에는 유제품이 전혀 들어 있지 않다. 바짝 볶은 땅콩에 식용유와 설탕, 소금을 첨가한 땅콩버터는 땅콩의 원산지인 남미 원주민들이 먹던 페이스트에서 유래했다. 오늘날과 같은 형태의 땅콩버터는 19세기 말~20세기 초 무렵에 만들어진 것으로 추정된다. 최초로 발명한 인물로는 캐나다의 마르첼모 길모어 에드슨, 미국의 켈로그 형제(콘플레이크 회사인 켈로그 창업자), '땅콩 박사'로 불리던 미국의 조지 워싱턴 카버 등이 지목되고 있다.

칼로리가 상당히 높고 지방이 많다 보니 몸에 좋지 않은 음식으로 오해하는 이들도 많은데 땅콩버터는 생각보다 영양학적으로 꽤 훌륭한 식품이다. 땅콩버터를 구성하는 지방의 75% 이상은 불포화지방산이며, 특히 심장을 건강하게 만드는 단일불포화지방산이 대부분을 차지한다. 단일불포화지방산은 우리 몸의 근육을 형성시켜주고 지방 분해를 돕는 테스토스테론 호르몬의 분비를 촉진시킨다. 땅콩버터에는 그밖에도 단백질과 비타민E, 나이아신, 마그네슘 등이 들어 있는 것으로 알려졌다.

미국인이 사랑하는 로큰롤의 제왕 엘비스 프레슬리(1935~1977)도 땅콩버터 마니아였다. 장시간 순회공연을 하기 위한 에너지가 필요했던 것인지 엘비스 프레슬리는 상당히 대식가였다고 전해지는데 그가 즐겨 먹은 샌드위치 역시 '비범한' 면이 있었다. 큼직한 빵덩어리에 땅콩버터 한 통, 포도잼 한 통, 버터덩어리가 통째로 들어가는 '풀스 골드(Fool's Gold)'는 그가 생전에 가장 좋아했던 메뉴 중 하나이다.

풀스 골드란 황금으로 잘못 알기 쉬운 황철광을 뜻하는 말로, 돈에 눈이 먼 바보를 비유한다. 이런 이름이 붙은 이유는 금광이 많았던 콜로

로큰롤의 제왕 엘비스가 사랑한 풀스 골드 샌드위치. 두툼한 빵에 잼과 땅콩버터가 듬뿍 발라져 있으며, 사이사이에 촘촘하게 베이컨이 끼워졌다.

라도 지역에서 처음 생겨났기 때문이라고 한다. 풀스 골드를 만들 때는 우선 커다란 빵덩어리를 반으로 갈라 속을 파내고 겉은 버터를 발라 오븐에 굽는다. 속을 파낸 곳에 한쪽은 땅콩버터 한통, 다른 쪽은 포도잼 한 통을 넣는다. 옵션으로 바싹 구운 베이컨 1파운드를 추가하기도 한다. 많이 먹기 대회에서나 등장할 것 같은 이 거대 샌드위치의 칼로리는 무려 5,530칼로리. 엘비스가 전용 비행기를 타고 가서 22개의 샌드위치를 사간 후 페리에와 샴페인을 곁들여 친구들과 3시간 만에 먹어치웠다는 이야기가 전해온다.

　그런가 하면 엘비스가 성장한 테네시 주 멤피스에서는 지금도 그가 좋아했다는 '엘비스 샌드위치'라는 메뉴를 맛볼 수 있다. 이 샌드위치는 빵에 땅콩버터를 바르고 얇게 썬 바나나 조각을 얹은 다음, 옵션으로 구운 베이컨을 올려서 만든다. 프라이팬에 바삭하게 지져내 토스트처럼 먹어도 맛있다. 단 것을 특히 좋아하는 사람이라면 메이플 시럽을 첨가할 수도 있으며 시나몬 가루를 뿌리면 또 다른 맛이 난다.

엘비스가 활동했던 1950~1960년대에 미국은 제2차 세계대전 직후의 경제적 어려움을 극복하고 본격적인 번영의 시기를 맞았다. 기본적으로 식재료가 풍부하다 보니 동시대 유럽보다는 식량 사정이 조금 낫기도 했지만, 미국인들의 식생활이 크게 바뀌고 아울러 풍성해지기 시작한 시점이 바로 이때다. 빵과 주스로 간단히 아침식사를 하던 미국인들의 식탁에는 기름지고 영양가가 풍부한 베이컨이 더해졌고 달걀 프라이나 오믈렛은 필수 메뉴가 됐다. 달달한 시리얼에 오트밀, 머핀, 팬케이크, 소시지 등이 차려진 오늘날 미국식 아침식사는 양이 적은 사람이라면 먹고 나서 속이 부대낄 만큼 푸짐하다.

오늘날 '건강의 적'으로 손가락질 받는 패스트푸드가 본격적으로 보급된 것도 1950년대부터이다. 짭짤한 맛에 약간의 단맛을 가미한 햄버거는 중독성 있는 맛으로 미국인들의 입맛을 사로잡았다. 콜라와 프렌치프라이 역시 미국의 식문화를 상징하는 대표 아이템으로 떠오르게 된다. 다진 고기를 뭉쳐 구워낸 독일식 함부르크 스테이크는 갖은 채소와 함께 빵 속에 끼워지면서 미국 문화의 상징과도 같은 햄버거로 거듭났다. 벨기에 사람들이 즐겨 먹는 길게 자른 감자튀김인 프리츠는 제2차 세계대전 이후 미국에 전래되면서 패스트푸드의 사이드 메뉴로 자리 잡았고, 한때는 약국에서 팔았다던 콜라는 미국인들이 물보다 즐겨 마시는 음료가 됐다.

1950년대 미국 중산층 가정의 아침식사를 묘사한 잡지. 달걀 프라이와 오믈렛 등 달걀 요리법을 소개하고 있다. 빵과 주스로 간단히 아침식사를 하던 미국인들의 식탁에는 기름지고 영양가가 풍부한 베이컨이 더해졌고 달걀 프라이나 오믈렛은 필수 메뉴가 됐다.

1950~1960년대에 미국 사회를 풍요롭게 만든 것은 음식뿐만이 아니다. 대중예술, 특히 음악 분야에서 새로운 움직임들이 일어나기 시작한 것이다. 그 중심에 있던 음악 장르가 오늘날까지도 전 세계인들에게 사랑받는 로큰롤이다. 로큰롤이라는 단어는 미국 펜실베이니아 주 존스타운 출신의 디스크자키 앨런 프리드가 만들어낸 것으로, 1951년 그가 진행하던 라디오 프로그램 '로큰롤 파티'에서 주로 틀던 비트가 강한 팝송을 가리키는 말이었다.

로큰롤 음악은 미국 남부 흑인들의 블루스에 비트가 가미된 이른바 'R&B'에다 남서부 지역 카우보이와 광부 등 백인 노동자들이 즐기던 컨트리 음악 등 여러 가지 요소들이 뒤섞인, 통속적인 형태의 대중가요다. 초기에는 조악하다는 혹평을 듣기도 했으나 다양한 음악적 시도가 이뤄진 끝에 나름의 계보를 지닌 세련된 음악으로 발전해왔다. 당시 미국인들은 제2차 세계대전의 후유증을 극복하고 정신적으로 여유로워진데다 라디오와 TV가 보급되면서 이 새로운 음악에 빠져들게 된다.

초창기 로큰롤의 선두주자로는 B. 헤일리와 코메츠, 그리고 너무나 유명한 엘비스 프레슬리를 들 수 있다. 1935년 미 남부 미시시피 주 투펄로에서 태어난 엘비스는 스코틀랜드 이주민 출신의 가난한 부모 밑에서 태어난 '흙수저' 소년이었다. 아버지는 금주법 시절에 밀주를 팔다 감옥에 다녀온 전과자였으며 어머니는 목화밭이나 공장에서 일하며 생계를 잇던, 요즘으로 치면 일용직 노동자였다. 엘비스가 3살 되던 해에 가정폭력을 일삼던 아버지는 위조지폐 사건으로 또 다시 투옥되고 어머니 혼자 어렵게 아들을 키웠다고 한다.

어린 엘비스는 11살 때 어머니가 선물한 기타를 벗삼아 라디오와 TV에서 나오는 노래를 따라 부르며 음악과 자연스럽게 친해졌다. 그가 태어난 미시시피 주는 흑인들이 많은 지역이다 보니 아마도 그때부터 그는 흑인 음악을 조금씩 접해왔을 것이다. 13살 때 엘비스 가족은 테네시 주의 멤피스로 이주하는데, 이곳에서 집값이 싼 흑인 거주 지역에서 생활했다. 당시만 해도 백인과 흑인은 철저하게 분리된 채 살아갔으며, 각자 독자적인 문화적 환경을 유지하고 있었다. 게다가 1930년대 재즈부터 최근의 힙합에 이르기까지 흑인 음악은 흑인들을 위주로 성장했다. 에미넴 같은 백인 래퍼가 주목받기 시작한 것은 불과 20여 년 전인 1990년대의 일이다.

그 때문에 컨트리 음악과 교회의 가스펠 송에, 흑인들의 '소울'이 깊게 배어든 그의 노래를, 백인들은 처음에 낯설어할 수밖에 없었다. 엘비스 프레슬리의 대표곡인 'Love me Tender'만 보아도 완전히 흑인 창법을 따르고 있다 보니 "저 백인 청년은 왜 흑인들 노래를 부르지?"라는 수군거림을 듣기도 했다. 몇 곡은 흑인 작곡가가 만든 곡을 그대로 가져오기도 했다는데 흑인들이 만든 노래가 방송을 탈 수 없었을 시절, 엘비스가 부른 자신들의 노래를 듣고 좌절한 흑인 뮤지션들도 많았다고 한다. 어쨌든 흑인 음악과의 크로스오버는 엘비스의 음악 세계에 그만의 독특한 색깔을 입혀주었다.

청소년 시절부터 가수의 꿈을 키웠으며 고등학교 졸업 후에도 트럭 운전사와 극장 안내원 일로 생계를 이으며 오디션을 보러 다니던 엘비스는 18살이 되던 1953년 인생의 커다란 전환점을 맞이한다. 어머니의 생일을 축하하기 위해 '선 레이블'이라는 조그만 스튜디오에서 자비로 'That's All the Time(Mama)'이라는 노래가 담긴 음반을 냈는데 그를 눈여겨본 스튜디오 여직원이 음반 프로듀서인 샘 필립스에게 연락처를 건넨 것이다. 이듬해 엘비스는 정식으로 음반사와 계약을 맺고 데뷔할 수 있었다.

그의 데뷔곡인 'That's All Right'이 라디오 전파를 탄 1954년 7월 10일 밤, 멤피스의 작은 방송국에는 청취자들의 전화가 폭주했다. 이어 1956년 초 'Heartbreak Hotel'이 빌보드 차트 1위를 차지했으며 'Hound Dog', 'Love Me Tender' 등의 곡들로 연속 대박을 터뜨렸다. 패스트푸드가 미국인들의 입맛을 사로잡았듯, 로큰롤의 제왕 엘비스는 미국인들의 귀를 사로잡은 셈이다.

당시 TV의 보급도 엘비스의 인기에 한몫을 했다. 그의 훤칠한 키와 잘생긴 외모는 여성들의 마음을 사로잡았고, 독특한 퍼포먼스를 통해 시대의 아이콘으로 떠오른 것이다. 1956년 NBC '밀튼 벌 쇼'에 출연한 엘비스는 엉덩이와 다리를 흔들며 기타를 메고 노래하는 모습을 선보였다. 오늘날 그의 트레이드마크와 같은 퍼포먼스는 CBS '에드 설리번 쇼'를 통해서도 전파를 탔다. 기성세대는 그의 모습을 "저급하고 선정적"이라고 비난했으나 젊은 층은 고루한 전통에 도전하는 그의 음악과 춤에 열광했다.

그러나 달도 차면 기우는 법이다. 1960년에 군복무를 마친 뒤로 엘비스의 인기는 조금씩 시들어가기 시작한다. 최신 트렌드에 맞추기 위해 노래 스타일에 변화를 주기도 했으나 대중의 반응은 시큰둥했다. 이때부터 엘비스는 음악보다 영화에 전념했으며, 퇴물 스타로 잊혀져간다. 마치 한때 인기를 끌었던 패스트푸드가 싸구려 음식으로 전락하듯 말이다.

그러나 엘비스는 혼신의 힘을 다해 재기를 준비했고 1968년 공연에서 다시 주목을 받았다. 또한 1973년에는 하와이에서 인공위성 생중계 공연을 갖는 등 투혼을 발휘한다. 각성제 복용으로 몸이 극도로 망가지고, 폭음과 폭식으로 인해 100킬로그램에 가까운 비만이 되었음에도 엘비스는 죽음의 순간에 가장 아름다운 노래를 부르는 가시나무 새처럼, 20세기 대중음악사에 잊히지 않을 자취를 남기고 스러졌다.

비록 42살의 나이로 요절했으나 멤피스에 있는 엘비스의 묘지에는 지금도 추모객들의 발길이 이어지고 있으며 사후에도 그가 매년 벌어들이는 돈은 약 500억 원에 이른다. 2016년 노벨문학상을 수상한 밥 딜

1957년 고향인 투펄로를 방문했을 때, 당시 시장이었던 제임스 L. 발라드로부터 기타 모양의 열쇠를 선물 받은 엘비스.

런조차 젊은 시절부터의 꿈이 "엘비스보다 더 위대한 뮤지션이 되는 것"이라고 할 정도로 그는 미국 문화에서는 결코 빼놓을 수 없는, 전설 같은 존재다.

인간의 문화는 대부분 돌고 돈다. 특히 대중예술은 순환 주기가 더 빠르다. 따라서 대중예술에서 시대를 초월한 스타로 남으려면 개성과 함께 많은 이들이 공감할 수 있는 보편성을 가져야 한다. 음식도 마찬가지다. 오늘날 우리가 먹는 김치의 형태가 완성된 것은 불과 100여 년 전이다. 터키의 케밥, 중국의 베이징 카오야도 역사는 생각보다 길지 않다. 다만 오랫동안 사랑받는 요리에는 친숙함과 포근함이 있다.

로큰롤의 제왕이 가장 좋아한 음식이 평범한 샌드위치였다는 것은 얼핏 들으면 모순 같지만, 그의 음악이 추구한 바를 떠올려보면 잘 어울리는 궁합이다. 그리고 흑인의 문화와 백인의 문화가 섞인 엘비스의 음악세계는 채소와 고기, 소스 등 서로 다른 재료가 조화를 이루고 있는 샌드위치와도 닮았다. 또한 저항과 자유의 정신이 담겨 있는 로큰롤 음악과 풍성하게 속이 채워진 샌드위치는 가장 풍요롭고 아름다웠던 시절의 미국을 상징한다고도 볼 수 있을 것이다.

19. 빵 굽는 혁명가

_ 함께 먹는 밥 한 그릇의 소중함을 실천한 베트남의 국부 '호 아저씨'

"엥겔스의 행복에 대한 정의를 알고 있나요?"

"그럼요, 샤토 마고 1848년산 와인 한 병이지요."

프랑스의 전설적인 요리사 오귀스트 에스코피에와 이런 대화를 나눈 사람은 뜻밖에 베트남의 국부로 칭송받는 호치민(1890~1969)이다. 평생을 사회주의 투쟁과 조국의 독립에 헌신했으며 최고 권력자가 된 후에도 검소하고 소박한 삶을 지향했다는 그가 런던의 특급 호텔 주방에 섰다는 사실은 왠지 낯설고도 놀랍다.

게다가 호치민은 요리사로서 실력이 꽤 있었던 모양이다. 그의 자서전에 따르면 '바'라는 가명으로 일하고 있던 20대의 호치민은 가난한 사람들에게 주기 위해 호텔 주방에서 남은 음식을 깨끗하게 포장해가곤 했다. 어느 날 그 모습을 본 에스코피에가 음식을 버리지 않고 보관하는 이유를 물었다. 호치민이 이유를 설명하자 그는 웃음을 지으며 이렇게 말했다고 한다.

"젊은 친구, 혁명적인 사상은 잠시 접어두게. 내가 자네에게 요리 기술을 가르쳐주지. 그럼 큰돈을 벌 수 있을 거야."

에스코피에는 그에게 설거지를 그만두게 하고 케이크 굽는 곳으로 데려갔으며, 호치민은 그곳에서 더 많은 임금을 받았다. 이는 주방에서 큰 사건으로 여겨졌다고 호치민은 회고한다. 다만 이 에피소드는 정작 에스코피에의 자서전에는 나오지 않아 진위 여부를 두고 다소 논란이 있다.

호치민이 요리사로 일하게 된 계기는 사실 생계를 위해서였다. 1890년 베트남 응에안 성에 있는 호앙쭈라는 마을에서 태어난 그는 유학자인 아버지 밑에서 민족주의 사상을 배웠다. 그러나 형과 누나가 독립운동을 하다 수감되고 본인도 징세반대운동에 참여했다는 이유로 학교에서 쫓겨났다. 현실의 벽에 부딪힌 그는 더 넓은 세상을 알아야 한다는 생각으로 프랑스 증기선의 견습 요리사로 취업, 프랑스로 가게 됐다. 당시 유럽에서 동양인이 일할 수 있는 영역은 제한돼 있었기에 그는 주방 보조 이외에도 정원사, 청소부, 웨이터 등을 전전하며 닥치는 대로 일했다고 한다. 유럽뿐 아니라 세계 각지를 떠돌며 활동한 호치민은 보스턴의 한 호텔에서 파티셰로 근무한 적도 있다.

그러나 유럽에서 그가 근근이 생계를 잇기만 한 것은 아니다. 호치민은 틈나는 대로 모아둔 돈을 가지고 프랑스어와 영어 과외 수업을 받았다고 하며 『자본론』을 비롯한 사회주의 서적을 탐독했다. 그가 파리의 도서관에서 읽은 책들 중에는 찰스 디킨스, 에밀 졸라, 레프 톨스토이, 루쉰의 소설들도 포함돼 있었다. 해외노동자연합이라는 비밀 조직에 가입해 활동하기도 했다. 파리 코뮌 등 혁명의 본거지라 할 수 있는 파리에서 젊은 호치민은 조금씩 사회주의 사상에 감명을 받게 된다.

제1차 세계대전이 발발하자 프랑스 정부는 징집된 자국 노동자들 대신 수천 명의 베트남인들을 프랑스로 데려왔다. 이런 상황에서 호치민은 베트남 노동자들을 끌어 모아 세력을 규합하는 역할을 하게 됐다. 1918년 제1차 세계대전 종전 후 베르사유 회의에서는 응우옌 아이꾸옥이라는 이름으로 참석해 베트남의 자유와 민주, 평등권을 요구하게 된다. 독립운동가로서 호치민의 본격적인 활동이 시작된 것은 이 무렵이다. 1920년 호치민은 프랑스공산당에 입당했으며 이후 소련의 최고급 공산당원들만 유학한다는 국제레닌학교에서 수학했다. 이때 함께 공부한 학생들 중에는 식민지 조선의 독립운동가 박헌영도 있었다. 박헌영은 당시 호치민에게 정약용의 『목민심서』를 선물했으며, 호치민이 정약용의 개혁 사상에 흥미를 느꼈다는 일화도 있으나 사실인지는 확실치 않다.

고국에 돌아온 후인 1942년부터 그는 비로소 호치민이라는 이름으로 활동하게 된다. 1945년 8월 16일 전국 국민회의를 통해 주석으로 선출됐으며 8월 25일에는 임시정부를 수립했다. 1차 인도차이나 전쟁 디엔비엔푸 전투에서 대승을 거둔 호치민 군대는 제네바 협의를 통해 프랑스를 완전히 몰아내고 1955년 드디어 조국의 독립을 이룬다. 일본의 패전으로 '도둑처럼' 광복을 맞이한 한국으로서는 부러운 점이 아닐 수 없다. 하지만 1955년 남베트남이 세워진 후 베트남전쟁이 발발했고 전

1958년 10월 중립국이던 인도의 수상 자와할랄 네루(왼쪽)와 만난 호치민.

쟁이 한창이던 1969년 9월 2일, 호치민은 베트남 통일을 보지 못한 채 79살로 눈을 감았다. 그가 사망한 날은 바로 베트남이 독립을 선포하고 베트남민주공화국을 세운 날이었다.

1990년대 공산주의가 붕괴되던 무렵, 대부분의 공산권 국가 지도자들은 권좌에서 쫓겨나거나, 이미 사망한 후라면 동상이 끌어내려지는 '굴욕'을 당했던 데 반해 호치민은 오늘날에도 베트남의 국부로서 온 국민의 사랑을 받고 있다. 그 이유는 그가 무엇보다 애민 정신을 중시했으며 반대파에게도 온건한 정책을 펼쳤기 때문이다. 식민지시대가 끝난 후 호치민이 가장 먼저 취한 조치는 식량 정책이었다. 그는 베트남의 가장 심각한 문제로 기근을 지적하며 국민에게 모범을 보이기 위해 1주일에 하루는 금식을 하겠다고 선언했다. 또한 쌀 생산을 늘리기 위해 관개된 땅의 20% 이상인 공동 경작지를 마을 주민들에게 골고루 나눠주었다. 농업 관련 세금도 완전히 없애주었으며 농민들에게 저금리로 대출을 해주는 농업신용국을 개설했고 빈 땅을 농지로 전환하라는 명을 내렸다.

뿐만 아니라 호치민은 소수민족도 엄연한 베트남 국민이라며 그들의 전통 양식 집에 기거하기도 했다. 그의 유언 중 하나는 '베트남전쟁에서 승리하면 남베트남인을 탄압하지 말라' 는 것이었으며, '전쟁이 끝나면 1년 동안 세금을 거두지 말라' 는 말도 남겼다. 그러나 그의 뜻과는 달리 종전 후 남베트남에 대해서는 대대적인 숙청이 이뤄졌으며 세금 정책 역시 무시당했다. 호치민은 자신이 죽으면 화장한 후 재를 3등분해서 베트남 북부, 중부, 남부에 한줌씩 뿌려주기를 소망했으나 베트남 정부는 하노이 바딘 광장에 거대한 묘를 짓고 그의 시신을 방부 처리해 사실상 선전에 이용했다. 후일 우리나라를 비롯한 비공산권 나라들에서 호치민이 철혈 독재자 이미지로 왜곡된 데는 이런 영향도 적지 않았을 것이다.

생전에 호치민의 삶은 검소하기 그지없었다. 호치민은 폐타이어를 잘라 신발을 만들어 신고 낡은 옷은 기워 입었다. 옛 총독부 관저가 주석궁으로 쓰였으나 그는 그곳에 기거하지 않고 주석궁 뜰 연못 옆에 허름한 집을 지어 살았다. 한 끼에 3가지 반찬만을 올렸다는 이야기도 있는데 지인들이 그 이유를 묻자 "내가 반찬 하나를 더 먹을 때마다 우리 국민 하나가 더 죽는다."고 말했다고 한다. 그는 아이들이 수염을 잡아당기면서 장난을 쳐도 함께 놀아주는 인자한 할아버지의 모습도 보였다. 그의 가사 도우미는 프랑스인이나 미국인을 만날 때 이외에는 호치민이 화를 내는 것을 본 적이 없다고 회고했다.

호치민은 또한 프랑스와의 전쟁 당시 식량이 부족한 환경에서 젊은 시절 배운 솜씨를 발휘해 동지들에게 맛있는 음식을 해주었다고 알려졌다. 특히 그는 빵 만들기에 재주가 있어 부족한 재료를 가지고도 풍성한 맛의 빵을 만들 줄 알았다고. 이런 일화들을 보면 아마도 그가 런던에서 에스코피에에게 배운 것이 화려한 기교가 아니라 음식의 소중함이 아니었을까 하는 추측을 하게 된다. 그의 이름을 딴 옛 사이공, 호치민 시가 쌀의 주산지라는 것도 우연만은 아닌 듯하다.

베트남의 음식 문화를 논할 때 빠질 수 없는 식재료가 '쌀'이다. 우리나라에서는 베트남쌀 하면 '안남미'라고 해서 푸석푸석하고 불면 날아가는, 맛없는 쌀이라는 인식이 강하다. 그러나 끈기가 많은 자포니카종 쌀을 즐겨 먹는 나라는 전 세계에서 한국과 일본 정도밖에는 없으며, 아시아에서 주로 소비되는 쌀은 대부분 길쭉한 인디카종 쌀이다. 이 안남미는 우리 식으로 밥을 지어 반찬을 곁들여 먹기에는 적당하지 않지만 푸석한 질감 덕분에 소스가 잘 스며들고 다른 재료와 잘 조화를 이룬다.

한국 사람들에게 베트남 요리에 대해 물으면 아마도 열에 아홉이 베트남 쌀국수인 퍼를 꼽을 것이다. 그러나 베트남 독립 직후에는 쌀이 부족했기 때문에 쌀을 국수로 가공하는 일이 한때 금지되기도 했다. 반죽해서 면을 뽑기만 하면 되는 밀이나 메밀과 달리 쌀국수를 만들려면 가루를 내고 풀을 쑤어 채반에 말리는 등 복잡한 과정을 거쳐야 한다.

퍼는 식민 지배의 슬픈 역사가 숨어 있는 음식이기도 하다. 식민지 시절 당시 프랑스인들이 즐겨 먹던 포토푀라는 요리가 있다. 이 포토푀는 쇠고기와 각종 채소를 끓여서 건더기만 건져 먹는 음식이다. 베트남 사

베트남 쇠고기 쌀국수인 퍼보. 이제는 한국에서도 많은 사람들이 즐겨 먹는 음식이 됐다.

람들은 프랑스인들이 먹고 남은 포토푀 국물을 이용해 국수를 말아 먹기 시작했고, 그것이 퍼의 기원이라고 한다. 베트남을 대표하는 음식으로 유명하지만 그 역사는 의외로 짧은 셈이다. 본토에서 먹는 퍼는 우리나라식 쌀국수와는 상당히 다른데, 일단 가격이 훨씬 싼데다 기름기가 많고 고수 향이 강하다. '모닝글로리'라고 불리는 공심채가 들어가는 것도 차이 중 하나다.

베트남 요리는 북부와 남부가 상당히 다른 양상을 보인다. 북부 지역은 인접한 남중국의 영향을 많이 받았으며, 여기에 프랑스 요리의 기법도 들어갔다. 육류보다 해산물의 비중이 높은 편이고 향신료가 강하지 않은 담백한 요리가 대부분이다. 반면에 덥고 습한 남부에서는 시고 짭짤한 동남아풍 요리가 발달했다. 외국인들이 잘 먹지 못한다는 고수를 비롯한 각종 허브와 생선을 발효시킨 피시소스인 느억맘도 자주 들어 간다. 고추, 마늘이 들어가 칼칼한 것이 한국인 입맛에도 잘 맞는다.

그밖에 유명한 베트남 요리로는 가는 쌀국수인 '분'과 닭고기쌀국수 인 '퍼가', 메밀국수처럼 국물에 찍어먹는 '분짜', 월남쌈이라는 이름 이 더 친숙한 '고이꾸온' 등이 있다. 현지에서 먹는 고이꾸온은 한국과 달리 라이스페이퍼에 각종 향신채를 싼 형태로 손님에게 내놓는다. 춘 권튀김인 '짜조'와 숯불구이 '스언느엉'도 베트남의 흔한 길거리 음식 이다. 베트남 사람들은 스언느엉을 얇게 잘라 밥 위에 얹어 먹기도 한 다. 프랑스 식민지 시절의 영향을 받은 '바인미'라는 샌드위치도 있다. 겉은 바게트빵 비슷하지만 안에 들어가는 재료가 베트남 특유의 것들 이어서 약간 묘한 느낌을 주는 음식이다. 이 바인미는 현지인들이 아침 식사로 먹는 일이 많다.

전반적으로 베트남 요리에는 채소가 많이 들어 있어 건강식이라는 인상이 강하다. 쌀이 풍부한 지역이다 보니 국수나 전병 같은, 밀가루 를 사용하는 메뉴에도 밀 대신 쌀이 들어가는 일이 많다. 코코넛 밀크 등 '느끼한' 재료를 사용하는 태국 요리에 비해 비교적 깔끔한 맛도 베 트남 요리의 인기 요인 중 하나라고 할 수 있다. 그리고 양국의 물가 차 이를 감안하더라도 한국에서 파는 베트남 요리는 가격 거품이 꽤 많은 편이다. 시장에서 우리 돈 1,000원~2,000원 안팎의 싼 메뉴가 한국에 와 서는 국수 한 그릇에 1만 원 가까이 하는 것을 보면 문화 충격을 느낄 사 람들이 많을 듯하다.

1990년대 들어온 베트남 음식이 한국인들에게 낯설었던 것처럼, 호 치민이란 인물 역시 우리에게 친숙한 이름이 아니었다. 공산주의 정권

각종 식재료를 늘어놓고 파는 베트남 재래시장의 상인들.

하에서 부귀영화를 누렸을 것이라는 선입관을 비웃기라도 하듯, 생전 그의 모습은 조그만 부엌에서 아이들을 위해 별식을 만들어주는 자상한 아버지를 닮았다. 엥겔스가 말한 행복이 "샤토 마고 1848년산 와인 한 병"이라고 답한 호치민은 무엇보다 '먹는 것', 특히 '함께 먹는 것'의 소중함을 알았던 인물이라 할 수 있다.

20. 자유로운 영혼, 캐비어를 탐하다

_ 현대무용의 창시자 이사도라 덩컨이 즐긴 음식들

"멜라니 아가씨는 새처럼 조금 드시는데요."

영화 「바람과 함께 사라지다」에서 파티에 가기 전 식사를 하지 않겠다는 스칼렛에게 유모인 마미는 이렇게 일침을 놓는다. 그 당시 여성들에게 '게걸스럽게' 음식을 먹는 것은 여자이기를 포기한 행동으로 손가락질 받는 일이었기 때문이다. 허리가 끊어질 정도로 코르셋을 쥔 것도 모자라 파티에 가면서 식사까지 미리 해야 할 만큼 식탐을 숨기려는 여자들의 노력은 눈물겨운 것이었다.

사실 우리가 살고 있는 21세기의 대한민국에서도 여성들의 식욕은 성욕과 마찬가지로 통제받는다. 사람들은 성욕에 솔직한 여성을 문란한 여자로 몰아가듯, 식욕에 충실한 여성도 게으르고 자기 관리 못하는 여자로 몰아가고 있다. 미디어에서 잘 먹는 여성이 비난받지 않으려면

폴 버거가 찍은 이사도라 덩컨의 사진. 그녀는 무용수치고는 키와 체격이 큰 편이었다고 한다.

'아무리 먹어도 살이 찌지 않는 체질'이라는, 매우 모순적이고도 어려운 조건을 충족시켜야만 한다.

그런데 지금으로부터 100여 년 전, 여성의 욕망에 대한 억압에 정면으로 반기를 든 이가 있었으니, 바로 현대무용의 어머니로 불리는 이사도라 덩컨(1877~1927)이다. 그녀의 삶은 '자'라는 딱 하나의 단어로 모든 설명이 가능하다. 덩컨은 틀에 박힌 클래식 발레의 엄격함에서 탈피해 맨발로 춤을 췄으며, 세 아이들의 아버지가 각각 다를 만큼 성적으로도 분방했다. 더불어 끊임없이 식욕을 통제하며 '관리'를 하던 보통 무용수들과는 달리 맛있는 음식을 즐기는 미식가였다.

미국 샌프란시스코에서 은행가의 딸로 태어난 덩컨은 아버지의 사업 실패와 부모의 이혼으로 빈곤한 어린 시절을 보냈다. 4남매 중 막내였던 그녀는 동네를 돌아다니며 어머니가 손수 짠 편물을 팔아가며 생계를 이어야 했다. 그러나 어린 이사도라의 어머니는 불우한 환경 속에서도 시와 음악을 가까이했으며 자녀들에게 매일 책을 읽어주었다. 성인이 된 이후 이사도라는 "나에게 있어 진정한 교육은 어머니 발치 아래 양탄자에 누워 있는 동안 이뤄졌다."고 말했다.

집시처럼 자유로운 영혼을 가졌던 그녀는 학교 공부에 별 흥미를 갖지 못했다. 결국 10살 때 학교를 그만둔 이사도라는 인적이 없는 숲이나 해변으로 달려가 나체로 춤을 추기 시작했다. 이렇게 어린 시절부터 무용가의 꿈을 키워온 그녀는 당시 무용계의 '정답'이었던 클래식 발레 대신 자신만의 자유로운 춤 세계를 창조하기 시작했다.

그러나 기존 질서에 저항하는 이의 인생은 순탄치 않기 마련이다. 이사도라는 유럽의 박물관에서 보았던 그리스 조각상에서 영감을 받아

마치 신화 속 장면 같은 춤을 완성했다. 그리고 1899년 맨발에 반나체의 모습으로 시카고에서 첫 무대를 가졌으나 관객들의 반응은 싸늘했다고 한다. 술의 신 바커스의 무녀에서 모티브를 따온 도취된 듯한 즉흥적인 춤이 당시 사람들에게는 낯설고 어색했던 것이다. 게다가 노출이 심한 의상에 대한 거부감도 그녀의 춤이 제대로 평가받지 못하는 요인이 됐다. 그러나 사람들의 손가락질에 이사도라는 이렇게 반박했다.

"왜 내 몸의 일부가 노출되는 것을 조심해야 하지요? 그것이 무엇인가를 상징한다면 그것은 여성의 자유를 상징하는 것이며 청교도주의의 속박과 편협한 관습에서 해방되는 것을 의미합니다. 인간의 신체를 숨기는 것이 외설적인 것입니다. 내 몸은 내 예술의 성전입니다."

첫 공연 실패로 인해 실망감을 맛본 다음 해 이사도라는 유럽으로 건너갔다. 다행히 런던에서 가진 리사이틀은 성공적이었다. 그녀는 파리와 부다페스트, 베를린 등 유럽 각지를 순방하며 공연을 가졌다. 발레의 본고장으로 불리는 러시아로 날아가 당시 프리마 발레리나로 이름을 날리고 있던 안나 파블로바와 조우한 것도 이 무렵이었다.

짧은 시간 안에 무용가로서의 입지를 다진 이사도라는 사랑에 있어서도 거침없고 자유로운 행보를 보였다. 그녀와 사랑을 나눈 남자들은 무대 예술가인 고든 크레이그와 대부호인 패리스 싱어, 러시아의 젊은 시인 예세닌 등 당대의 천재로 불리던 명사들이다.

이사도라는 공연을 펑크 내고 남자와 밀회를 즐기는 일도 잦았다고 한다. 관계자들은 춤을 보러 온 관객들에게 그녀의 행방에 대해 해명하느라 진땀을 빼야 했다. 이사도라가 중년을 넘겼을 무렵부터는 그녀가 1,000명의 남자 앞에서 옷을 벗었다는 소문이 사람들 사이에 떠돌았다. 그녀는 크레이그와의 사이에서 딸 데어도르를, 싱어와의 사이에서 아들 패트릭을 두었으나 두 아이는 모두 어린 나이에 세상을 떠나 이사도라의 가슴에 깊은 상처를 남겼다.

그녀의 애인들 중 가장 많은 뒷말을 남긴 사람은 18살 연하였던 청년 예세닌이다. 이사도라는 예세닌의 모습에서 어릴 때 죽은 아들 패트릭을 떠올렸다. 예세닌과 사랑을 나눌 무렵 그녀는 이미 춤을 추기 어려울 정도로 살이 찐 체구의 40대 중반 여성이었다. 둘의 연애는 요즘으로 따진다면 '막장 드라마' 자체였다고 한다. 알코올 중독이었던 예세닌은 술만 마시면 "더러운 늙은 암캐"라며 아내인 이사도라를 모욕하고 폭행했다. 그것도 모자라 시계나 비싼 옷 같은 물건들을 사들이며 아내를 경제적으로도 궁핍하게 만들었다.

이처럼 평범한 사람이 보기에는 이해하기 어려운 애정 행각을 벌인 이사도라이지만, 한 가지 분명한 사실은 그녀는 스카프가 차바퀴에 감겨 숨을 거두는 순간까지도 자신에게 충실한 삶을 살았다는 것이다. 생전에 이사도라는 "나는 능수능란한 손길에 전율하는 하나의 감각덩어리가 됐다."며 여성으로서의 성적 욕망을 부정하지 않았다. 또한 "내 인생은 오직 2개의 동기를 갖고 있다. 사랑과 예술이 그것인데 이들은 끊임없이 싸운다. 왜냐하면 사랑도, 예술도 나의 전부를 요구하기 때문이다."라는 말을 남기기도 했다.

이사도라 덩컨의 생전 사진을 보면 무용가치고는 체격이 크고 통통

1922년에 찍은 예세닌과 이사도라의 사진. 왼쪽에 있는 인물은 이사도라가 입양한 딸 이르마이다.

한 편이다. 예술과 사랑에 불을 붙일 연료가 필요했던 것인지, 그녀는 먹는 것을 좋아했고 대식가였다고 한다. 유럽에서 집시들과 어울리며 그들의 음식을 함께 나눠 먹는가 하면, 아스파라거스와 캐비어 같은 고급 음식들을 즐겨 먹기도 했다. 또 어느 파티에서 이사도라 덩컨은 "산처럼 쌓인 아스파라거스와 캐비어, 딸기와 샴페인을 먹고 싶다."는 말을 한 여성에게 남겼다. 아스파라거스와 캐비어는 아시아의 장어와 마찬가지로 서구권에서 스태미나의 상징으로 여겨지는 식품이다.

우리나라의 두릅과 비슷하게 아스파라거스에서 먹을 수 있는 부분은 새순 부위이다. 그린 아스파라거스가 풋풋한 봄의 맛을 지녔다면, 화이

조리된 아스파라거스 요리. 아스파라거스는 다양한 요리를 장식하는 가니시로도 자주 쓰인다.

트 아스파라거스는 절제되고 우아한 맛을 지니고 있다. 아스파라거스
는 수확한 지 하루 안에 먹는 것이 좋다고 할 정도로 선도가 생명인 채
소이며, 좁고 깊은 냄비에 세워서 삶는다. 뜨거운 버터를 끼얹어 먹으
면 아삭하면서도 고소한 풍미가 일품이다.

　아스파라거스에는 아미노산의 일종인 아스파라긴산이 풍부하게 들
어 있다. 숙취해소 음료에 꼭 들어간다고 하는 성분이 바로 이 아스파
라긴산으로, 해장으로 좋다는 콩나물 뿌리도 아스파라긴산을 듬뿍 함
유했다. 아울러 아스파라거스에는 정력을 증진시키는 데 좋은 스테로
이드도 들어 있다 보니 불교에서 오신채를 금하듯, 중세의 수도원에서
도 아스파라거스를 먹지 못하게 했다. 대머리 치료에 효과가 있다고 해
서 영국의 윌리엄과 해리 왕세손도 즐겨 먹는다고 한다.

아스파라거스를 먹을 때는 버터 이외에도 마요네즈나 달걀 노른자로 만든 홀랜다이즈 소스, 머스터드 등을 곁들일 수 있다. 줄기 부분은 조직이 질기다 보니 데친 후 기름에 볶아주는 것이 맛있게 먹는 방법이다. 아스파라거스는 베이컨말이, 석쇠구이, 스테이크의 가니시 등으로 다양하게 즐길 수 있으며 의외로 간장과도 궁합이 꽤 잘 맞는다.

이사도라 덩컨의 캐비어 사랑에는 러시아 애인인 예세닌의 영향이 있었을 것으로 보인다. 철갑상어 알인 캐비어가 러시아의 특산물이자 전통 음식이 된 것은 16세기 후반 볼가 강 하류 지역이 러시아 영토로 편입된 이후이다. 캐비어 중에서도 최고급품은 볼가 강이 흘러들어가는 카스피 해에서 생산되는 것인데, 같은 카스피 해라도 아제르바이잔 지역의 캐비어가 특히 맛이 좋다. 한때 캐비어는 버터가 없으면 대용으로 빵에 발라먹을 정도로 흔했다고 하나, 점점 많은 사람들이 찾다 보니 남획으로 인해 생산량이 크게 줄어들었다. 흑해에서 철갑상어알은 과포획 상태이며, 카스피 해에서도 조업이 일부 제한되고 있다.

캐비어를 흔히 까만색 알로 알고 있는데 새까맣거나 붉은 빛깔의 캐비어는 대체품인 럼피쉬의 알인 경우가 대부분이다. 상급에 속하는 캐비어는 짙은 회색을 띠고 있으며, 기름기가 있기 때문에 살짝 끈적거리면서 은은한 짠맛을 낸다. 한편 캐비어의 삼위일체로 불리는 벨루가, 세브루가, 오세트라는 각각 다른 철갑상어 종에서 얻는 것으로, 맛이 조금씩 다를 뿐 그것 자체가 품질을 나타낸다고 보기에는 다소 무리가 있다. 가장 고가라는 큰철갑상어의 알인 벨루가는 암컷이 처음으로 알을 까기 위해 최소 20년 이상의 시간이 필요하기 때문에 높은 가격이 붙는 것이다.

캐비어. 차가운 보드카와 잘 어울리며, 러시아에서는 메밀 팬케이크인 블리니에 얹어 먹는다.

　러시아 사람들은 '블리니'라는 얇게 부친 메밀 팬케이크에 사워크림
과 캐비어를 함께 얹어 먹는다. 그러나 아주 질이 좋은 캐비어라면 그
냥 먹어도 충분히 맛있다. 곁들이는 술은 보드카가 좋은데, 특유의 향
이 강하지 않기 때문에 캐비어의 풍미를 해치지 않는다. 미식에 있어 까
다롭고 특히 와인에 대한 자부심이 높기로 유명한 프랑스 사람들조차
도 캐비어를 먹을 때는 와인 대신 보드카를 곁들인다. 날 해산물 특유
의 비린내와 조화를 이루는 와인을 찾기 어렵기 때문이다. 캐비어를 먹
는 데 사용한다는 금스푼은 원래도 고급스러운 캐비어의 이미지를 한
층 더 높이는 데 일조하고 있다. 캐비어는 금속성 식기와 만나면 맛이
변하는데 금만큼은 예외라는 것이 이유지만, 사실은 금속이 아닌 플라
스틱이나 도자기 등으로 만든 스푼도 캐비어를 먹는 데 무리가 없다.

아스파라거스와 마찬가지로 캐비어도 '사랑의 묘약' 내지는 '정력제'로 알려져 있다. 비타민과 단백질이 풍부한 캐비어는 수술 후의 회복식으로도 좋고 노화 방지에도 효과가 있다고 한다. 러시아에서 캐비어를 즐겨 먹게 된 데에는 기후 탓도 있다. 채소가 자라기 힘든 추운 지방에서 결핍되기 쉬운 각종 비타민을 보충해주기 때문이다. 캐비어의 조직은 인간의 피부 세포와 비슷하다는 연구 결과도 있다.

러시아 이외의 지역에서도 캐비어는 오랜 세월 동안 최음제로 사랑받아왔다. 페르시아에서는 캐비어가 정욕을 증가시키고 자극을 극대화하는 용도로 쓰인다. 중국 사람들도 철갑상어의 척추 속 골수를 가루를 내어 결혼하는 신부에게 먹인다고 한다. 그러고 보니 사랑을 불태우는 데 자신을 아끼지 않았던 이사도라 덩컨이 캐비어를 좋아했다는 것은 단순히 맛 때문만은 아닌 듯하다.

이사도라가 소원한 대로 산처럼 쌓인 아스파라거스와 캐비어를 먹었는지는 알 수 없다. 불우한 만년을 보냈기에 그 소원은 이루지 못했을 가능성이 크지만, 어쨌든 그녀가 처음부터 끝까지 자신의 사랑과 욕망에 충실한 자유로운 영혼이었다는 점은 부정할 수 없다. 또한 51년이라는 길지 않은 생애 내내 사랑과 예술에 모든 것을 건 이사도라는 여성에 대한 억압에 도전하는 혁명가이기도 했다.

21. 아Q의 아버지가 사랑한 고향의 맛

_중국의 대문호 루쉰과 샤오싱 요리

청나라 말기 중국을 배경으로 한 소설들을 보면 재미있는 공통점 하나가 있다. 주인공을 비롯한 등장인물들의 이름에 별다른 뜻이 없다는 것이다. 가령 펄 벅의 장편소설 『대지』에서 주인공 왕룽의 세 아들은 각각 1, 2, 3이라는 의미의 이, 얼, 싼이라는 이름을 갖고 있다. 위화의 소설 『허삼관 매혈기』의 허삼관 역시 그냥 셋째 아들이라는 뜻이다.

이런 식의 작명은 인물들이 특정 개인을 나타낸다기보다는 평범한 중국의 민중을 상징한다는 의미로 읽을 수 있다. 중국의 사상가이며 문호인 루쉰(1881~1936) 역시 자신의 작품 속에서 주인공의 이름을 뜻도, 발음도 알쏭달쏭한 '아Q'라고 지었다. 알파벳 Q를 넣은 이유에 대해서는 여러 가지 해석이 있으나, 중국 남성들의 변발을 형상화한 것이라는 주장이 가장 신빙성이 높다. 그가 분별력 없고 어리석은 아Q를 통해 풍자하고자 한 대상은 패배주의와 노예근성에서 벗어나지 못하고 있던

마오쩌둥이 '위대한 사상가요, 혁명가요, 중국문학의 아버지' 라고 평가한 작가 루쉰.

당시의 중국 민중들이었다.

1881년 중국 저장성 샤오싱 시에서 태어난 루쉰의 본명은 저우장서우(周樟壽)였다. 흔히 본명으로 알려진 수런(樹人)이라는 이름은 17살에 학교에 들어가면서 개명한 것이다. 유복한 집안에서 태어났으나 청나라 조정 관리였던 할아버지가 과거 부정 사건에 연루돼 옥에 갇힌 후 성밖 외가에 맡겨져 농촌에서 어린 시절을 보냈다. 농민들과 함께 살아온 경험은 루쉰이 나중에 작품을 쓰는 데 적지 않은 영향을 주었다.

15살에 아버지를 잃고 궁핍한 환경에서도 루쉰은 신학문을 익히기 위해 애썼으며 서양 근대사상에 대한 책과 잡지, 신문 등을 읽으면서 과학의 중요성과 민주주의 사상에 눈을 뜬다. 1902년 그는 일본 유학길에 오르는데 양의학이 중국을 변화시키는 힘이 되리라는 믿음에서였다. 그러나 센다이 의학전문학교에서 강의를 듣던 도중 러일전쟁 당시 일본군이 러시아 스파이로 잡힌 중국인을 칼로 참형하는 장면을 보게 된다. 같은 중국인 유학생들마저 이 장면을 보고 침묵하자 그는 "중국인에게는 육체보다 정신의 치유가 더 중요하다."는 생각에 의학을 포기하고 문인이 되기로 결심했다.

1907년부터 그는 혁명적 성향을 가진 잡지에 글을 발표했으며, 1909년 귀국 후에는 샤오싱 중학당 등에서 교사를 지냈다. 1911년 신해혁명이 일어나자 샤오싱 민중대회의 주석을 맡으며 적극적으로 혁명에 가담했다. 이후 그는 임시정부의 교육부 관리가 되어 베이징으로 가게 된다. 이 무렵 루쉰은 교육부 업무 이외에는 고전과 금석학 연구에만 전념했다고 한다. 유학 시절 품었던 포부가 고국의 현실을 목도한 후 조금씩 무너지고 있었기 때문이다. 그가 마음을 돌린 계기는 한 친구의 원고 청탁이었다.

그는 처음에 "중국 민중들이 지금처럼 무쇠로 지은 방에 갇힌 채 혼수상태에 빠져 있으면 죽음의 슬픔을 느끼지는 않을 것이나, 큰 소리를 쳐서 잠을 깨게 한다면 임종의 괴로움을 맛봐야 할 것"이라며 글쓰기를 거절한다. 그러나 친구는 "하지만 몇몇 사람들이 일어나면, 이 무쇠 방을 무너뜨릴 희망이 없다고는 할 수 없지 않은가?"라고 반박했고, 루쉰은 이 말에 글을 쓸 용기를 얻었다고 한다.

문학혁명 이후 신문화운동이 한창이던 1918년 5월 15일자 「신청년」에 실린 그의 첫 번째 단편소설 「광인일기」는 이렇게 태어났으며, 루쉰이라는 필명을 사용한 것도 이때부터이다. 이어 「공을기」, 「고향」, 「축복」 등의 단편을 내놓았으며 산문시집 『야초』를 발표하기도 했다. 중국 근대문학을 확립한 그의 작품들 중에서도 세계적인 수준의 소설로 평가받는 「아Q정전」도 이 무렵 쓰였다.

1921년 「신청년」에 연재하기 시작한 「아Q정전」은 중국 사회의 병폐를 과감하게 풍자한 내용으로 큰 반향을 불러 일으켰다. 때는 신해혁명 전후의 한 시골 마을, 주인공 아Q는 성 밖 낡은 사당에서 살며 하루 벌어 하루 먹고 사는 잡역부이다. 낮 시간이면 마을에서 돈을 벌지만 저녁이면 많지도 않은 품삯을 술과 도박으로 탕진하고 만다. 그는 툭하면 마을 깡패들에게 괴롭힘을 당하지만 이에 적극적으로 저항할 생각은 하지 않고 "나는 아들놈에게 맞은 격"이라며 이른바 '정신승리법'으로 하루하루를 버틴다.

이런 아Q의 모습은 서구 열강에게 국토를 유린당하면서도 근대화를 거부한 채 중체서용, 동도서기 같은 피상적 개혁에 머물렀던 무능한 말기 청나라 정권을 비유한 것이다. 당시 위정자들이 '만만한' 농민을 착취하고 탄압했듯, 아Q는 자신보다 약한 여승이나 어린이들에게는 오히려 폭력을 일삼는 이중적인 모습을 보인다.

이 작품이 발표된 후 많은 중국인들은 주인공 아Q의 어리석은 행동들이 바로 자신을 빗댄 것이 아닌가 하는 충격에 빠졌다고 한다. 혁명에 연루돼 총살당하는 아Q의 운명은 혁명의 와중에도 부와 권력을 유지하는 지주 조가의 운명과 대조되며, 결국은 쓰디쓴 좌절만을 남긴 신해혁명의 허망함을 나타내고 있다. 후일 중국에서 만들어진 영화 「아Q정전」의 끝 장면에는 "아Q에게 자손이 없다고 알려져 있지만, 실은 자손이 아주 많이 있는 것이 밝혀졌다. 지금 우리 주변에도 아Q의 자손이 있다."는 대사가 나온다. 이는 중국인들이 아직 어리석음에서 깨어나지 못했음을 나타내며 원작의 비관적인 시각을 한층 더해주는 역할을 한다. 현대 중국에서도 아Q라는 인물은 여전히 반면교사의 상징으로 남아 있으며 문학적으로도 중요하게 다뤄진다.

루쉰은 「아Q정전」 이후에도 창작과 번역, 강연 등을 활발하게 벌였으나 그의 만년은 편안하지 못했다. 1920년대 베이징여자사범대학의 퇴학 조치에 반발하는 학내 투쟁을 벌이다 13년간 몸담은 교직을 그만두게 된 것이 시작이었다. 뒤늦게 마르크스주의 이론을 공부하기 시작한 그는 쑹칭링 등이 결성한 중국자유운동대동맹에 참가했으며 1930년 중국좌익작가에 가담하면서 국민당 백색테러의 표적이 된다.

1936년 들어 건강이 급격히 악화된 루쉰은 그해 10월 19일 쉰다섯을 일기로 숨을 거둔다. 사망하기 한 달 전 루쉰은 "조의금을 받지 말고 가급적 빨리 매장하며, 기념행사를 치르지 말라."는 등의 유언을 글로 남겼다. 또한 "그들도 얼마든지 증오하게 내버려두라. 나도 결코 용서하지 않을 것이다."는 말로 스스로의 신념을 끝까지 꺾지 않았다.

루쉰은 알고 보면 한국과도 나름 인연이 많은 작가다. 그는 호랑이와 관련된 민담을 특히 좋아해서 조선 사람만 만나면 호랑이 이야기를 들려 달라고 부탁했다고 한다. 또 1932년 동지 양취엔이 사망하자 암살 위험을 무릅쓰고 문상을 갔는데, 그 자리에 있던 이육사 시인이 그를 보고 감동했다는 일화가 있다. 윤봉길 의사의 상하이 폭탄투척 의거로 유명한 홍커우 공원은 오늘날 루쉰 공원으로 이름을 바꿨으며, 언론인 리영희는 생전에 가장 존경하는 인물로 루쉰을 꼽았다.

샤오싱주 병이 늘어선 모습. 샤오싱 지방에서 생산되는 황주는 타 지역에 비해 캐러멜처럼 색이 짙고 풍미가 강하다.

그의 작품들은 대부분 고향인 샤오싱 시를 배경으로 한다. 샤오싱은 산과 바다로 둘러싸여 있고 물자가 풍부해 강남 지역에서 특히 맛있는 요리로 유명한 곳이다. 샤오싱 요리는 루차이나 항차이에 비해 보다 깔끔하면서 소박한 맛이 나며 자극적인 양념을 쓰지 않고 재료 맛을 살린 것이 특징이다. 이 지역은 또한 중국 요리에 많이 쓰이는 '황주', 즉 '샤오싱주'가 처음으로 만들어진 곳으로도 알려져 있다. 우리나라에서는 '소흥주'라는 이름으로 더 유명한 샤오싱주는 중국 8대 명주 중 하나로 색이 짙은 곡주이다. 요리를 할 때 음식의 맛과 향을 더해준다는 점에서 청주와 비슷한 역할을 한다. 이 지역에서는 딸이 태어나면 샤오싱주를 담가 땅 속에 보관했다가 딸이 성장해 결혼식을 올릴 때 잔치 술로 사용하는 풍습이 있다.

루쉰의 단편 「공을기」를 보면 건달 지식인인 주인공 공을기는 주점에 들어서며 "술 두 사발 데워주고, 회향두 한 접시 줘요!"라고 외친다. 황주를 요리에 쓰지 않고 마실 경우 따뜻하게 데워 마시는 것이 보통이다. 안주로 나오는 회향두는 촉촉한 식감의 누에콩을 말한다.

샤오싱 지역에서 만드는 요리에는 거의 모두라고 해도 과장이 아닐 정도로 황주가 자주 쓰인다. 겨울철에는 우리나라에서 김장을 담그듯, 황주를 담그는데 술을 담고 남은 술지게미도 고기를 절이는 등 각종 요리에 활용한다. 샤오싱 요리 중 가장 유명한 것으로는 '칭탕위에지'라는 닭고기 요리가 있다. 고대 월나라의 수도였던 이곳에서 기르는 닭들은 머리가 작고 육질이 연한 것이 특징인데 이 영계에 소금을 문지른 후 천으로 싸 술지게미 독에서 사흘 동안 숙성시킨다. 숙성시킨 닭에 표고버섯, 돼지 육포, 말린 죽순 등을 넣고 푹 끓여내면 맑고 담백한 국물에 뼈까지 씹힐 정도로 부드러운 탕요리가 된다. 술을 활용한 또 다른 요리로는 튀긴 새우에 황주를 넣고 볶아낸 자우류사런, 들에서 잡은 산토끼를 술지게미로 양념해 구운 카오투로우 등이 있다.

샤오싱 요리는 또한 장을 많이 이용하는데, 이에 관련한 고사도 있다. 월나라가 패하고 나서 월왕 구천이 오나라의 노예가 되자 백성들은 들에서 풀을 뜯어 끼니를 이었다고 한다. 한 농부가 들에서 개비름을 뜯어 그 줄기를 장에 절였더니 향이 피어오르면서 독특한 맛이 났는데 이것이 바로 두시엔차이껑이라는 전통 요리이다. 샤요우루차이라는 요리 또한 독특한데 작은 새우와 게 등을 잡아 소금 항아리에 넣고 뚜껑을 닫아 열흘 동안 숙성시킨다. 그 속에서 나온 물에 술을 섞으면 '샤요우루'라는 장이 되는데 여기에 닭고기나 오리고기를 절이면 입에서 살살 녹을 정도로 풍미가 일품이라고 한다.

남방 지역의 민물게를 황주에 담가 만든 쭈이셰라는 요리도 있다. 간장게장과 비슷한 맛이 나며 식전에 식욕을 돋우기 위해 먹는다. 또 삶은 닭고기를 며칠간 황주에 절인 것을 쭈이지라고 하는데 차갑게 먹으면 술안주나 전채로 그만이다. 황주를 사용한 조금 더 엽기적인(!) 메뉴가 술 취한 새우, 쭈이샤이다. 팔딱팔딱 뛰어오르는 새우에 술을 뿌리면 새우가 술에 취해 잠이 든다. 이것을 그대로 쪄서 먹기도 하고 황주 대신 독주를 이용할 경우 불을 붙여 익힐 때도 있다. 신선한 새우살에 술의 향이 어우러져 미묘한 맛이 난다. 만드는 방식이 좀 잔인하기 때문인지, 몇 년 전 서양인이 뽑은 세계 10대 혐오식품 안에 들기도 했다.

루쉰이 생전에 즐겨 먹었던 메뉴인 간차이먼러우라는 요리는 냄비 바닥에 짭짤한 말린 채소를 깔고 돼지고기 편육에 발효시킨 두부로 만든 소스와 샤오싱주로 양념해 부들부들해질 때까지 볶은 것이다. 동파육처럼 비계가 많지만 채소와 함께 먹기 때문인지 느끼하지 않고 신선한 맛을 낸다. 희고 말랑말랑한 꽃빵에 싸 먹으면 특히 맛이 좋다. 루쉰의 작품에도 빈번하게 등장하는 메뉴로 유명하다.

막벌이꾼들이 점심 때나 저녁 나절 일손이 끝나는 대로 제가끔 동전 네 푼을 털어 한 잔 술을 사서 술청에 기대선 채 따끈한 술을 들이마시고는 쉬는 것이었다. 만약 한 푼을 더 쓰면 한 접시의 삶은 죽순이나 회향두 안주를 먹을 수 있었고, 만약 열 푼만 더 내면 돼지고기로 만든 간차이먼러우 요리도 한 접시 먹을 수 있었다.

_『공을기』 중에서

상하이에 가면 루쉰의 작품 속 식당을 재현해놓은 〈시안헝주디엔(咸亨酒店)〉이라는 곳이 관광객들의 발길을 모으고 있다. 원래 루쉰의 아내가 직접 운영했다는 이곳은 이제 중국 정부 직영으로 바뀌었다. 다만 소설 속 묘사와 달리 호화스러운 장소로 변모해 약간 괴리감이 느껴질 수도 있다. 빈곤하고 배우지 못한 중국 민중의 각성을 위해 평생을 보낸 루쉰이 오늘날 너무나 변해버린 고국의 모습을 보면 어떤 생각을 할지 궁금해진다.

22. 젓가락에 콕 찍은 새까만 게장의 추억

_ 박완서의 작품에 녹아 있는 개성 음식

박완서라는 작가는 대한민국 문학사에서 여러 모로 놀라운 면모를 가진 인물 중 하나다. 평범한 주부로 살아가다 당시로서는 늦은 40살의 나이로 데뷔했다는 점, 『그대 아직도 꿈꾸고 있는가』(1989)를 통해 사실상 우리나라 페미니즘 문학의 서막을 열었다는 점 등이다. 공지영, 신경숙, 한강 등 486세대 작가들로 이어지는 여성문학의 계보는 박완서로부터 시작됐다고 해도 과언은 아닐 것이다.

또 한 가지 박완서 작품의 신기한 점은, 그 자신이 전쟁을 직접 겪고 반공 교육을 체화한 세대임에도 불구하고 남한 사회의 물신주의에 거침없이 독설을 날리는 모습이었다. 한 예로 1970년대 개발독재 시절을 배경으로 한 『도시의 흉년』은 돈으로 가족도, 사랑도, 명예도 사는 천민 자본주의의 민낯을 낱낱이 파헤친 작품이다. 후기작인 『아주 오래된 농담』을 읽을 때는 작품 자체의 날카로운 풍자와 함께, 백발이 성성한 할머니 작가가 아들뻘 되는 의사들을 따라다니며 취재를 했을 모습을 상상하면 감탄을 금치 못하게 된다.

그는 1988년 남편과 아들을 동시에 잃는 아픔을 겪을 때 말고는 꾸준히 집필을 해온 다작형 작가에 속한다. 박완서의 작품은 극적 구조가 강하게 드러나지는 않으나, 할머니가 들려주는 옛이야기처럼 잔잔함과 편안함을 주는 내용들이 대부분이다.

『엄마의 말뚝』이나 『그 많던 싱아는 누가 다 먹었을까』 같은 소설들을 읽으면 한국전쟁이 일어나기 전의 평화로웠던 시절에 대한 작가의 향수를 읽을 수 있다. 또한 고향인 개성을 배경으로 그의 다른 작품과는 사뭇 다른 분위기의, 하지만 색다른 재미를 주는 소설을 꼽자면 유일한 대하소설인 『미망』이 있다.

대하소설이 주는 즐거움은 당시의 풍속사를 들여다보는 깨알 같은 재미가 있다는 것인데 『미망』은 바로 그런 부분을 충족시켜주는 작품이다. 특히 전후 세대에게는 낯선 이북의 개성을 배경으로 하고 있다 보니 작품 속 세계는 더욱 흥미진진하게 느껴진다. 이 소설은 동해랑의 거상 전처만을 주인공으로 개성 상인들과 식솔들의 삶을 상세히 묘사하고 있다. 1년에 몇 개월씩 장사를 나가는 남편 덕에 개성 여인들은 집안을 먼지 한 점 없이 치우는 것을 소일거리로 삼는다고 한다. 그리고 비교적 검소하게 살았음에도 음식에서만큼은 사치를 누렸다는 이야기도 나온다.

개성 음식이 호화스러워진 것은 이곳이 당시의 상업도시이기 때문에 전국을 떠도는 장사꾼들이 각종 농수산물을 운송해 온 덕이 크다. 또한 고려의 옛 수도였다는 자부심은 그들의 식탁을 더욱 호화스럽게 한 요인이 된다.

　가장 잘 알려진 개성 음식으로 조랭이 떡국이 있다. 눈사람 모양으로 생긴 조랭이 떡에는 조선 왕조에 대한 개성 사람들의 반감이 담겨 있다. 고려 멸망 후 탄압을 받게 된 이들은 이성계의 목을 자른다는 의미로 떡과 떡 사이를 대나무 칼로 자른 것이다. 쫀득쫀득하게 씹는 맛과 진한 국물이 일품인 조랭이 떡국에는 통통하게 빚은 편수가 들어가 맛을 더한다. 한국전쟁 때 월남해 서울에 만두집을 차린 한 실향민은 당시 남한에서 만두라고 하면 밀가루떡 같은 음식을 떠올릴 정도로 낯설었다고 회고한다. 지금처럼 설날 떡국에 만두를 빚어 넣기 시작한 것은 분단 이후부터라고 알려졌다.

　개성 음식 중에서도 특히 호화스러운 것이 보쌈김치와 홍해삼이다. 제육보쌈을 먹을 때 편육을 싸먹게 되는 보쌈김치에는 배와 밤뿐 아니라 낙지에 전복, 젓조기, 석이버섯 등 값비싼 재료들이 아낌없이 들어간다. 보쌈김치 맛의 또 다른 비밀은 배추다. 개성에서 나는 배추는 속이 연하고 잎이 길며 맛이 고소한 것이 특징이다.

　이런 개성배추 중에서도 연한 것을 골라 잎을 절이고 무와 사과, 배를 납작하게 썬 것과 채썬 밤ㆍ대추에 잣과 미나리, 파 , 마늘, 생강, 실고추, 새우젓 등으로 소를 만든다. 절여둔 배춧잎 사이사이에 소를 채워 넣으며 보자기 싸듯 만들면 보쌈김치가 완성된다. 이렇게 비싸고 손이 많이 가는 김치이다 보니 정성을 들여 담았다가 귀한 선물로 오가기도 했다.

　혼례 때 자주 상에 오르는 홍해삼은 다진 고기에 갖은 양념을 하여 둥글게 빚은 다음 홍합과 해삼을 하나씩 박아 쪄내고, 홍합에는 달걀 흰자

위, 해삼에는 노른자위를 씌워 지져낸 음식이다. 여기서 홍합은 여성, 해삼은 남성을 상징한다. 당시에는 생물이 아닌 말린 해삼과 홍합을 불려서 사용했다고 한다.

사실 지금도 저렴하다고 말하기는 어렵지만 싱싱한 해삼은 그나마 마트에서 흔히 찾아볼 수 있다. 하지만 말린 해삼이나 조개류, 전복은 '건화'라 해서 생물보다 훨씬 비싼 값에 팔리는 데다 시중에서 구하기조차 쉽지 않다. 일단 말리는 과정이 까다로울 뿐 아니라 건조되는 동안에 생물에서는 찾아볼 수 없는 독특한 풍미가 더해지기 때문이다. 한 예로, 홍콩이나 중국 상하이 같은 대도시에 가면 손바닥 크기도 안 되는 말린 전복이나 해삼이 우리 돈으로 수십만 원이 넘는 가격에 거래되기도 한다.

개성 음식의 가장 눈에 띄는 특징 하나를 꼽자면 돼지고기 요리가 유난히 발달했다는 점이다. 소설 속에도 전처만의 둘째 며느리가 돼지고기 요리 솜씨를 자랑하는 장면이 나온다. "최영 장군 제사 때 올리는 고기보다도 맛있다."고 묘사돼 있으나 마침 입맛이 없었던 전처만은 별로 맛있게 먹지 못한다. 고려의 마지막 충신인 최영 장군에게 바쳐지는 이 고기의 이름은 '성계육'이라고 한다. 개성 사람들은 태조 이성계가 돼지띠인 것에서 착안해 제사가 끝난 후 돼지를 머리끝부터 발끝까지 '자근자근' 씹어 먹으며 반역자인 이성계에 대한 분풀이를 했다.

돼지고기는 또한 편육으로 하거나 달걀옷을 씌워 전유어로 만들어 먹기도 한다. 냉면이 이북 음식인 것을 생각하면 냉면 육수의 부산물인 편육 역시 흔히 맛볼 수 있는 음식이었을 것이다. 또 실수로 머슴의 아이를 임신하고 친정에 온 태임의 어머니 머릿방아씨는 무엇이 먹고 싶나는 친정어머니의 말에 "호박김치나 푹 무르게 끓여 주세요. 제육 몇 점 썰어 넣으면 참 맛있겠다."고 하며 자신도 모르게 침을 꼴깍 삼킨다. 이런 묘사들로 보아 돼지고기는 개성 사람들이 가장 즐겨 먹었던 음식 중 하나였다고 추측할 수 있다.

호박이 들어간 김치라고? 얼핏 상상이 잘 가지 않겠으나 호박김치는 알고 보면 김장 후 남은 자투리 채소들을 알뜰히 소비하려는 조상들의 지혜가 담긴 음식이다. 주재료인 늙은 호박을 얇게 썰어 쪽파와 갓, 우거지, 배추 등을 넣고 갖은양념에 찹쌀풀을 넣어 익힌다. 적당히 익힌 김치에 된장을 약간 첨가하고 찌개용 돼지고기 몇 점을 썰어 넣어 자박하게 끓이면 달달하고도 독특한 풍미가 있는 김치찌개가 완성된다. 늙은 호박을 구하기 어려울 경우 단호박을 써도 얼추 비슷한 맛이 난다. 직접 김장을 하는 집이라면 반찬이 마땅치 않은 겨울철, 별미 식사로 제격이다.

한정식집 〈용수산〉은 전쟁 이후 세대에게 개성 음식을 알린 식당이다. 2015년 별세한 용수산의 최상옥 사장은 개성 음식에 전통 레시피를 접목시키고, 이를 나름대로 현대화한 다양한 메뉴들을 선보였다. 한식당으로서는 처음으로 '코스' 개념을 생각해낸 사람도 그였다.

개성의 명문가에서 태어난 그는 어린 시절부터 어머니의 잔치 준비를 도왔으며 서울 계동 대가집 맏며느리가 된 후에는 서울 태생인 시아버지와 평양 태생인 시어머니를 통해 각 지역의 양반가 음식들을 익혔다. 특히 조금씩 따끈한 요리를 내오라고 명하던 시아버지에게서 코스 요리라는 아이디어를 얻었다.

식당을 열게 된 계기는 뜻하지 않은 곳에서 찾아왔다. 남편이 일찍 세상을 떠나고 둘째 사위가 국회의원 선거에 낙선 후 빚더미에 앉으면서 생계를 꾸려야 했던 것이다. 단돈 1,000만 원을 가지고 싼 식당 자리를 찾다 보니 그곳이 삼청동이었다. 이전의 한정식집과는 다른 색다른 메뉴에 기품 있는 인테리어는 조금씩 손님들을 끌기 시작했고, 지금은 광화문과 청담동, 잠실 등과 미국 LA까지 지점을 둔 식당으로 성장했다. 최상옥 사장은 개성 음식 본연의 맛을 물려주겠다는 신념으로 『용수산 최상옥 할머니의 개성식 손맛』(1997)이라는 책을 펴내기도 했다.

다만 박완서 작가가 그리워한 개성의 맛은 〈용수산〉의 맛과는 조금 차이가 있는 듯하다. 『두부』나 『잊을 수 없는 밥 한 그릇』 같은 수필집을 보면 그는 서울에서 맛본 개성 음식에 대해 "같은 개성이라도 시골에서 자란 나에게는 너무 깔끔해 보인다."고 언급한다. 박완서는 기억에 남는 고향의 맛으로 메밀칼싹두기와 수수팥떡, 강된장과 참게장 등의 소박한 음식들을 꼽고 있다.

메밀칼싹두기는 거친 메밀로 빚은 수제비와 비슷한 음식이라고 한다. 적당히 썰어 맹물에 삶은 메밀을 양념장도 꾸미도 없이 그대로 먹었다고 박완서는 묘사한다. "땀 흘려 그걸 한 그릇씩 먹고 나면 뱃속뿐 아니라 마음까지 훈훈하고 따뜻해진다."는 것이 그가 기억하는 메밀칼싹두기의 맛이다. 메밀칼싹두기의 원형은 15세기 말 『음식디미방』에 언급된 '절면'에서 찾아볼 수 있다. 오늘날 메밀칼싹두기는 경기도의 향토 음식으로 강화도 초지진 〈대선정〉에서 특산물인 순무김치와 함께 인기를 끌고 있는 메뉴이다.

작가의 어린 시절, 할머니가 액막이로 생일날마다 해주던 붉은 수수팥떡에 대한 이야기도 수필에 나온다. 여자아이인 자신에게만 유독 챙

겨주는 수수팥떡이 반갑지만은 않았다는데, 어린 시절 지나치게 예민한 데가 있었던 손녀에게 액운이 따라다닐지 모른다는 할머니의 주술적인 믿음이 느껴져서가 아닐까 그는 돌이켜 생각해본다. 또 여름철 싱싱한 호박잎을 따서 뚝배기에 지진 강된장에 비벼 먹는 밥은 "그리움의 끝에 도달한 것처럼 흐뭇하고 나른해지게 하는 맛"이라고 묘사한다.

그중에서도 자신의 고향인 경기도 개풍군 박적골에서 맛본 참게장에 대해 박완서는 "맛의 오지"이며 "궁극의 비경"이었다고 극찬한다. 가을철 벼가 누렇게 익을 무렵 잡은 참게는 볶거나 구워서 먹었다는데 노란 알의 고소한 맛이 일품이었다고. 그러나 참게로 만든 진짜 별미는 "고약처럼 새까맣고 끈끈한 암게의 장"이었다. 그 새까만 게장을 할아버지는 젓가락으로 콕 찍어 숟가락 위에 얹어 주었고, 어린 손녀에게 게장의 맛은 평생 잊지 못할 추억이 되었다.

한국전쟁 직후인 1950년대까지 게장의 재료는 대부분 민물 게인 참게였다. 행상인들은 살아 움직이는 참게를 새끼줄에 꿰어 걸고 팔았으며, 일반 가정에서는 솔로 박박 문지른 참게를 진한 간장 국물에 넣어 반찬으로 삼았다. 그러다 민물 게가 디스토마의 원인이 된다고 해서 기피 대상이 되고, 여기에 하천 오염까지 겹치면서 참게로 만든 게장은 추억의 음식이 되었다. 젊은 세대들은 게장, 하면 꽃게 아니면 돌게를 떠올릴 것이다. 그러나 참게장의 깊은 풍미와 감칠맛은 뒷맛이 약간 텁텁한 꽃게에 비할 바가 아니다.

요즘은 그래도 민물 게가 산지에서나마 팔리고 있지만 박완서가 말한 '고약처럼 까만' 장의 정체는 알이었는지, 내장이었는지 알 수 없다. 맛의 기억과 그리움은 사람의 일생을 지배하기도 한다. 하지만 안타깝게도 너무나 빨리 변하는 세상에서 그때의 맛을 그대로 살려내기란 쉽지 않은 일이다. 사라져가는 것에 대한 안타까움을 박완서는 글로 하나하나 새겨냈고, 그가 세상을 떠난 후에도 독자들에게 아련한 향수를 남겨주고 있다.

23. 조각 같은 몸매, 비밀의 음식
_ 이탈리아 국민배우 소피아 로렌이 사랑한 파스타

한 시대를 풍미한 여배우들 중에는 자신의 나이든 모습을 숨기려고 공식 석상에 나타나지 않는 이들이 있다. 특히 완벽주의자 기질이 강했던 비비안 리는 만년에 은둔생활을 하며 칩거했다고 한다.

그러나 나이 든 모습을 자연스럽게 내보이며 당당함을 잃지 않는 배우들도 상당수 있다. 죽음을 맞기 전까지 선행과 봉사활동을 이어간 오드리 헵번이 그렇고, 72살의 나이로 달력 모델을 하며 이탈리아의 국민 여배우로 자리 잡은 소피아 로렌도 그중 하나이다.

우리나라의 젊은 세대들에게 소피아 로렌은 낯선 이름일 것이다. 그녀의 전성기가 1950년대 말~1960년대에 집중돼 있는 탓이다. 1934년 로마에서 싱글맘의 사생아로 태어난 로렌은 가난 때문에 힘든 유년기를 보냈다고 하며, 14살에 나폴리에서 나이를 속이고 미인대회에 출전해 배우의 길을 가게 된다. 모델로 활동하던 그녀는 16살에 영화 「쿼바

디스」의 노예 소녀 역으로 데뷔했으며, 1953년 「아이다」에서 주연인 아이다 역을 맡으며 주목받기 시작했다.

소피아 로렌이 세계적인 명성을 얻은 것은 할리우드 진출 이후다. 그녀의 할리우드 데뷔작은 20세기 폭스사가 제작한 1957년작 「해녀」로, 풍만하고 매끈한 몸매를 가진 이탈리아 여배우에 사람들은 조금씩 마음을 빼앗겼다. 이어 로렌은 스탠리 크레이머의 「자랑과 정열」, 「달빛 아래서」 등에 출연하며 섹시스타의 이미지를 다진다. 1958년작 「하우스 보트」에서 상대역을 맡은 캐리 그랜트, 「홍콩의 백작부인」의 말론 브랜도를 비롯해 그레고리 펙, 조지 페퍼드, 클라크 게이블 등 쟁쟁한 스타들과 호흡을 맞추면서도 로렌은 연기력에서 밀리지 않고 상대역과 완벽한 케미를 보여줬다. 1960년에는 영화 「두 여인」으로 아카데미 여우주연상을 거머쥐면서 이탈리아의 자랑에서 전 세계의 사랑을 받는 스타로 거듭난다.

소피아 로렌은 로마 교황청을 굴복시킨 러브스토리의 주인공으로도 유명하다. 그녀는 자신을 스타로 키운 영화 제작자 겸 감독 카를로 폰티와 사랑에 빠졌으며 1957년 22살의 나이차를 극복하고 결혼식을 올렸다. 그러나 문제는 유부남이었던 폰티가 본처를 버리고 로렌을 택한 것이었다. 이혼을 엄격히 금한 로마 교황청은 이들의 결혼을 인정하지 않았으며 파문에, 중혼죄로 고소까지 당한 로렌과 폰티는 망명객처럼 유럽 곳곳을 떠돌아야 했다.

하지만 두 사람은 9년 만에 교황청의 '항복'을 받아 1966년 비로소 법적인 부부가 되어 고국에 돌아올 수 있었다. 로렌과 폰티 부부는 폰티가 2007년 사망할 때까지 50년간이나 해로했다고 한다. 화려한 섹시 스

나이 든 모습을 자연스럽게 내보이면서도 당당함을 잃지 않는 배우 소피아 로렌. 그런 자신의 매력의 원천은 파스타였다고 그녀는 공개적으로 말하곤 했다.

타로 불리던 그녀가 평생 한 남자에게만 헌신한 사실을, 많은 사람들은 신기하게 여긴다.

배우로서 그녀의 커리어는 이탈리아 영화계의 거장 중 하나인 비토리오 데 시카와의 작업을 통해 다져졌다. 제2차 세계대전 후의 신사실주의, '네오레알리스모(neorealismo)'를 대표하는 데 시카 감독은 로렌을 주인공으로 대작 「두 여인」과 「해바라기」를 만들었다. 「두 여인」에서 로렌은 전쟁의 포화 속에서 딸과 함께 험난한 삶을 살아가는 여인 체시레를 연기했으며, 「해바라기」에서는 죽은 줄로만 알았던 남편과 어렵게 재회했으나 다시 가슴 아프게 이별하는 조반나 역을 맡았다.

우리나라 40대 이상의 중장년층이라면 샛노란 해바라기밭을 배경으로 한 그녀의 청초한 모습을 기억하고 있을 것이다. 전성기 시절의 로렌은 '여신'으로 불리는 후배 배우 모니카 벨루치 못지않게 많은 남자들을 설레게 한 존재였다. 그녀의 매력은 인공적이지 않은, 소박하고 자연스러운 미에 있다. 화려하다기보다는 서민적인 느낌이 강하다.

이탈리아에는 미인의 아름다움을 표현하는 '마조라테 피지체'라는 단어가 있다. 이는 소피아 로렌과, 동시대 배우인 지나 롤로브리지다 같은 외모를 지칭하는 말로 풍만한 글래머 스타일의 몸매를 가리킨다. 이런 그녀의 몸매 비결은 어린 시절을 보냈던 나폴리의 음식인 파스타이다. 로렌은 파스타에 대한 책까지 썼을 정도로 파스타 마니아라고 한다. 특히 조개가 들어간 담백한 봉골레를 좋아해 그녀의 냉장고 안에는 항상 모시조개 같은 조개류가 가득하다고. 배우로 데뷔하기 전, 굶주림에 시달렸던 그녀는 항상 5가지 파스타를 먹는 것이 꿈이었다는 일화도 전한다. 스타가 된 후에도 자신의 몸매를 칭송하는 사람들에게 로렌은

여러 가지 파스타 면. 조개껍질, 나비, 나선 모양 등 각양각색이다.

"여러분에게 보이는 이 모든 건 전부 스파게티 덕분이에요."라는 말을
남겼다.

국수나 우동, 라면, 소면, 수제비 등 다양한 면 요리가 있는 동양에 비
해 서구에서 면 요리, 하면 파스타 이외의 음식이 거의 없다고 해도 과
장이 아니다. 하지만 그렇다고 해서 유럽인들이 국수나 만두 종류를 많
이 먹지 않는다고 하기도 어렵다. 다만 파스타 하나의 종류가 어마어마
하게 많다 보니 혹시 소규모 지역에서 먹는 다른 면 요리가 있다고 해도
잘 알려지지 않은 것뿐이다. 면의 모양에서부터 소스에 따라 파스타의
종류는 무한대에 가까울 정도로 다양한 변주가 가능하다.

파스타를 만드는 밀가루는 글루텐 함량이 일반 밀보다 높은 '듀럼'
밀을 재료로 한 '세몰리나' 가루를 이용한다. 세몰리나는 경질의 밀에
서 얻는 입자가 거친 가루를 가리키며, 입자 크기가 큰 세몰리나는 시리

파스타의 전신으로 알려진 '이트리야'를 만들고 있는 두 여인. 15세기 작품이다.

얼 대용으로도 먹을 수 있다. 공장식 생산 시설이 없던 시절에는 수작업으로 만들어진 생면이 주를 이뤘으나, 점점 기술이 발달하면서 건면의 비중이 생면을 추월했다. 다만 소스의 종류에 따라서는 건면보다 생면이 어울리는 파스타가 있다 보니 어느 쪽이 더 맛있다거나 하는 '정답'은 없는 셈이다. 어느 쪽이든 면을 만들 때는 물을 넣지 않고 달걀만으로 반죽한다. 심을 살짝 남기고 삶는 '알 덴테(Al dente)'가 유행하기 시작한 것은 비교적 최근인 19세기부터이다.

이탈리아에서 발달해온 파스타 종류만 해도 책 한 권을 쓸 수 있을 정도로 방대하지만 크게 분류하자면 스파게티나 링귀니, 페투치네 같은 롱 파스타와 파르팔레, 푸실리, 마카로니 등의 쇼트 파스타, 라자냐, 라비올리 등 각종 재료를 채워 만두처럼 만드는 스터프 파스타의 3종류로 나뉜다. 파스타 면의 모양에 따라 어울리는 소스도 달라지는데, 예를 들어 스파게티는 토마토나 '라구'라고 불리는 미트 소스가 곁들여지는 것이 보통이며 납작한 모양의 페투치네는 크림소스와 궁합이 맞는다. 마카로니와 파르팔레 같은 작은 쇼트 파스타는 수프에 띄워 먹기도 한다. 커다란 관 모양의 카넬로니에는 고기나 치즈 등의 소를 넣고, 끝이 사선인 펜네는 맛이 강하고 매콤한 아라비아타 소스를 곁들이는 등 조합이 상당히 다양하다.

파스타가 대중화된 시기는 17세기 초이며 중심지는 소피아 로렌의 고향이기도 한 나폴리였다. 면을 뽑아내는 압축기가 발명되면서 파스타 가격은 서민들이 사먹기에 부담 없는 수준으로 내려갔다. 또 18세기에는 건조 파스타의 등장으로 일반 가정에서 요리하기가 훨씬 수월해졌다. 초창기의 파스타는 삶아서 파마산 치즈를 뿌린 단순한 메뉴였지만 19세기 중반에 처음으로 토마토 소스가 등장, 오늘날 수백 종이 넘는 레시피가 태어나는 계기가 됐다.

우리나라에서 파스타는 살찌는 음식의 대명사처럼 알려져 있다. 그래서 로렌이 파스타로 몸매를 관리했다는 이야기가 뭔가 이상하게 들릴 것이다. 한국에서 대중적인 파스타들은 대부분 미국식으로 크림소스를 듬뿍 넣거나 치즈 등 부재료를 많이 사용하기 때문에 본토의 맛과는 상당히 차이가 있다. 느끼하기로 이름난 카르보나라도 오리지널은

17세기 이탈리아 화가인 루카 지오다노가 그린
「파스타를 먹는 남자」(1660).

생크림을 사용하지 않고 베이컨으로 맛을 낸 다음 달걀 노른자와 치즈
를 더한 정도다. 소스가 흥건한 스파게티에 익숙한 사람이라면 너무 심
심하다고 생각하겠지만 한 번 맛을 들이면 오히려 단순한 재료로 깊은
맛을 낸 이탈리아식 파스타에 빠지게 될 것이다.

특히 본고장 나폴리에서는 담백하고 칼로리가 낮은 파스타 요리가
주를 이룬다. 예를 들어 알리오올리오는 올리브유에 마늘, 파르마 치즈
만으로 만든다. 재료가 심플하다 보니 오히려 요리사의 솜씨에 따라 맛
이 크게 달라질 수 있다. 성게 같은, 서구권에서는 잘 먹지 않을 것 같은
재료도 파스타에 이용된다. 우리나라에서도 드물게 성게 파스타를 파
는 곳이 있으나 대부분 성게는 조금만 넣고 크림소스로 접시를 채운다.

이에 비해 이탈리아 사르디니아풍 성게 파스타는 크림 없이 성게와 페페론치노(작은 이탈리아 고추)로만 맛을 내 훨씬 담백하다.

오징어 먹물로 만든 세피아 스파게티도 별미다. 오징어 한 마리의 먹물 양이 한줌밖에 되지 않다보니 값이 비싼 편이며, 감칠맛이 있으나 먹고 나면 치아가 새까매지므로 데이트를 할 때는 먹지 않을 것을 권한다. 의외로 어란도 파스타 재료로 쓰인다. "이탈리아에서 어란?" 하며 좀 의아스러운 생각이 들겠지만 '보타르가'라고 부르는 말린 숭어알은 우리의 어란과 큰 차이가 없으며 귀한 식재료로 대접받는다. 이 보타르가는 먹기 직전에 갈아서 파스타에 뿌려 먹는다. 그밖에도 마늘과 바질, 올리브유, 잣 등을 넣은 페스토 소스나 해산물이 들어간 페스카토레, 채소를 주재료로 한 프리마베라 등이 유명하다. 대체로 이탈리아 남부로 갈수록 맛이 깔끔하며 해산물 등을 사용해 담백한 풍미를 느낄 수 있는 메뉴가 많다.

소피아 로렌이 가장 사랑하는 메뉴인 봉골레 역시 고기가 들어가지 않기 때문에 칼로리가 낮으며 올리브 오일과 마늘도 미용에 좋은 식품이다. 봉골레는 조개를 뜻하는 이탈리아어로, 보통 모시조개만 들어가는 것으로 알고 있으나 맛이 너무 강하지 않은 조개류라면 무엇이든 어울린다. 봉골레로 유명한 베네치아 지방에서는 바지락과 모시조개, 백합 등 다양한 조개를 재료로 이용하고 있다. 봉골레는 항구 지역에 사는 어부들이 치즈 가루만 뿌린 스파게티에 갓 잡은 신선한 조개들을 넣고 요리해본 데서 유래했다고 한다. 싱싱한 생선을 차가운 육수에 담가 배 위에서 먹었다던 물회와 기원이 비슷하다 할 수 있다.

맛있는 봉골레 파스타를 만들기 위해서는 무엇보다도 조개의 선도가

모시조개를 듬뿍 넣고 화이트 와인 등으로 양념한 봉골레 파스타.

중요하다. 잡내가 나지 않는 신선한 조개를 구입해 충분히 소금물에 하룻밤 해감시킨다. 파스타 면은 스파게티보다는 도톰하면서 살짝 눌린 모양의 링귀네가 조개와 더 어울린다. 올리브 오일을 두른 팬에 마늘과 조개를 넣고 화이트 와인을 넣어 충분히 볶아준 후, 조개가 입을 벌리고 와인이 스며드는 순간 파스타를 추가해 볶으면 된다. 조개는 오래 익힐수록 질겨지기 때문에 가능하면 빨리 조리한다. 미리 만들어둔 조개 육수를 넣으면 한층 더 깊은 맛이 나며, 페페론치노 같은 매콤한 고추를 넣어도 한국인의 입맛에 잘 맞는다.

몸은 할리우드에 있어도 마음은 조국 이탈리아를 한시도 떠나지 않았던 소피아 로렌. 그녀가 평생 파스타를 사랑하고 즐겨 먹은 데에는 몸매 관리뿐 아니라 고향을 머릿속에서 지우지 않기 위한 이유도 있지 않았을까. 로렌은 불우한 어린 시절을 보냈으나 나이가 들어서도 "나폴리적인 생각이란 삶에 대해 낙천적인 시선을 가진다는 뜻"이라고 말할 만큼 고국에 대한 강한 애착을 보였다. 소피아 로렌이 80이 넘은 나이에도 아름다운 원로 배우로 남은 것은 영혼을 채워준 파스타의 역할도 있었겠지만, 이런 긍정적인 생각의 힘도 크지 않았을까 싶다.

24. 매운맛을 사랑한 중국의 붉은 별
_ 마오쩌둥의 사상과 화끈한 후난 요리의 매력

매운 요리를 좋아하는 사람들은 성격이 급하다는 속설이 있다. 한국인이 성질 급하기로 세계 둘째 가라면 서러울 정도인 것을 보면 어느 정도 맞는 이야기 같다. 중국 후난 지방 사람들도 예외는 아니다. 심지어 중국에서는 '후난 사람과는 싸움을 하지 마라' 라는 농담이 있을 정도다. 그래서일까? 후난 출신인 중국 지도자 마오쩌둥(1893~1976)의 정치 행보는 매우 급진적이었으며, 그에 대한 역사적 평가 또한 극과 극으로 엇갈린다.

1893년 후난 성 샹탄현 사오산에서 태어난 그는 부농이었던 아버지 덕분에 유복한 어린 시절을 보냈다. 14살이 되던 해 마오쩌둥의 부모는 조혼을 시켰으나 그는 이를 거부하고 집을 나가버렸다. 이후 장사 상향 중학교를 거쳐 후난성 공립고등중학교를 수석 졸업한 마오쩌둥은 후난 제1사범학교를 마친 후 베이징대학에서 2년간 보조 사서로 근무했다.

돼지고기와 소박한 음식을 좋아했다는 마오쩌둥.

그는 샹샹중학교에 재학중이던 1911년 신해혁명이 발발하자 혁명군에 잠시 가담했으며, 베이징대학 근무 당시에 도서관의 책들을 통해 공산주의 사상을 접하며 혁명가로서의 길에 발을 들여놓는다.

귀향한 후 마오쩌둥은 아버지의 재산을 물려받아 학교를 세우고 교장으로 일하면서 부유한 삶을 꾸려갔다. 그러는 동안 사서 자리를 주선하기도 했던 후난사범학교의 스승 양창지 교수의 딸과 결혼도 했다. 부족한 것 없는 환경임에도 그는 1921년 중국공산당 1차 전당대회에 후난성을 대표해 참석, 중국공산당의 창립 멤버가 됐다. 요즘 식으로 말하자면 이른바 '리무진 좌파'에 해당하는 셈이다. 다만 당시의 공산당은 아직 체계가 잡히지 않았으며 국민당과 국공합작을 하고 있었기 때문에 바로 본격적인 사회주의 운동가로 활동했다고 말하기는 어렵다.

1920년대 중반 국민당은 군벌들이 장악하고 있던 북부로 세력을 넓히기 위해 쑨원의 뜻에 따라 북벌을 시작했다. 그러나 장제스가 이끌던 국민당군이 1927년 4월 12일 상하이 쿠데타를 일으켜 공산당원들의 90%를 숙청한다. 이 사건은 국민당과 공산당이 척을 지는 계기가 됐고 살아남은 공산당원들은 1927년 난창봉기를 일으켰으나 국민당에 의해 진압됐다. 같은 해 9월 7일 마오쩌둥 역시 후난에서 추수봉기를 일으켰다가 패배한 후 포로가 됐다.

그러나 극적으로 탈출한 마오쩌둥은 패잔병들을 모아 장시성 징강산에서 세력을 규합했고, 이들이 바로 중국공농홍군(홍군)을 이룬다. 그는 홍군을 이끌면서 지나가는 마을의 주민들에게 절대 피해를 입히지 않도록 엄하게 금했다. 가는 곳마다 재산을 털어가고 여성들을 강간하는 국민당과 군벌군에게 지친 농민들은 자연스럽게 홍군을 지지하게 됐으며 일부는 그의 군대에 합류했다. 홍군은 게릴라와 매복 전술 등을 활용해 적은 인원으로 국민당군을 누르고 점점 세력을 키워나갔다.

그러나 국민당으로부터 살아남은 공산당 지도부는 당 내에서 기반을 확보하지 못한 마오쩌둥을 밀어내고 정규전으로 전략을 바꿨다. 그러나 새로운 중화소비에트공화국군은 국민혁명군의 봉쇄정책으로 병력 상당수를 잃고 서쪽으로 탈출하는 대장정을 시작했다. 이 과정에서 소련 유학파 출신 지도부가 물러나고 그 자리를 다시 마오쩌둥이 차지하게 된다.

마오쩌둥에 의해 공산당이 다시 세력을 키운 계기는 1937년 발발한 중일전쟁이다. 당시 공산당과의 협력을 반대했던 장제스는 장쉐량에

1년 여의 대장정 끝에 연안에 입성하는 홍군.

의해 감금됐으며 국민당과 공산당은 다시 손을 잡았다. 그러나 마오쩌둥은 일본군과의 직접 대결을 피해 가면서 국민당을 몰아내는 데 집중, 전쟁이 끝날 때 공산당 병력은 4만여 명에서 120만 명으로 불어났다. 1945년 제2차 세계대전이 끝나자 국민당과 공산당은 교전을 재개했으며 전세역전에 성공한 공산당은 1949년 장제스와 국민당 세력을 몰아내고 중화인민공화국을 선포했다. 이후 마오쩌둥이 통치하는 사회주의 중국은 1950년대 중반까지 안정된 정치를 기반으로 견실한 경제 성장을 이어나갔다.

여기까지만 보면 마오쩌둥은 소수의 게릴라를 규합해 중국 전체를 평정한 영웅이라고 할 만하다. 하지만 중화인민공화국의 지도자로 재직한 기간 동안 그는 오늘날까지도 비난받는 몇 가지 실정을 저지르게 되는데 그 시작이 대약진운동이다. 당시 중국은 미국, 소련과 군사적으로 대립하는 입장이 됐으며 이에 마오쩌둥은 '자력갱생'이라는 구호

1946년 옌안에서 모인 중국 각 세력 지도자들. 왼쪽부터 저우언라이, 조지 마셜 미 참모총장, 주더, 장즈중, 그리고 마오쩌둥.

아래 경제개혁을 실시한다.

그는 농촌을 집단농장 단위로 개편하고 인력을 제철사업에 총동원했다. 그러나 농업생산량을 높인다며 참새의 씨를 말리면서 병충해와 수해로 인한 대기근이 찾아왔다. 공업화의 기반이 없는 상태에서 추진한 제철사업 역시 실패로 돌아갔다.

경제파탄의 책임을 지고 물러나야 했던 마오쩌둥은 전세를 뒤집기 위해 중국의 '흑역사'로 불리는 문화대혁명을 주도했다. 그는 반대파인 류사오치와 덩샤오핑이 자본주의 노선을 가고 있다며 젊은 청년들을 선동한다. 홍위병이 된 이들은 기존의 모든 가치를 부정하며 학자와 문인들을 탄압하고 서적이며 문화유산들을 파괴하기 시작했다. 중국 대륙 전체가 아노미 상태에 빠져 있는 동안 마오쩌둥은 다시 정권을 장악했으며, 스스로를 우상화한다.

　문화대혁명의 광기는 중국의 발전을 적어도 20년 이상 후퇴시켰으며 마오쩌둥을 숭배하는 중국공산당 당원들마저도 이 부분에 대해서는 말을 아끼는 편이다. 그리고 덩샤오핑이 남긴 아래의 글은 그에 대한 엇갈리는 평가를 단적으로 보여준다.

　　"만약 마오 주석이 1956년(대약진 운동 이전)에 서거했다면 그는 틀림없이 중국 인민의 위대한 지도자로 남았을 겁니다. 그가 1966년에만 서거했어도 뛰어난 공이 조금 퇴색될지언정 대체로 긍정적인 평가를 받을 수 있었겠지요. 하지만 그는 1976년에 서거했고 우리가 할 수 있는 건 아무 것도 없습니다……."

　마오쩌둥이라는 인물은 오늘날 중국의 음식문화에도 엄청난 영향을 끼친 것으로 유명하다. 청나라 말기만 해도 화려했던 중국의 식문화는 중화인민공화국이 들어선 이후 사치를 죄악시하는 사회주의적 사상의 영향을 받아 위축되기 시작했다. 1950년대 중반 대약진운동 실패와 대기근으로 제비집이나 말린 전복 같은 고급 식자재들은 자취를 감췄으며 요식업자들이 경영난으로 합병을 거듭하면서 중국요리의 질은 크게 떨어졌다. 문화대혁명의 회오리바람 속에 각 지역에서 전해 내려오던 전통 음식들도 대부분 자취를 감추게 된다.

　반면 그가 중국 음식문화에 이바지한 것도 있다. 바로 중국 전역에 매운맛을 유행시킨 것이다. 대약진운동과 문화대혁명 와중에 고추는 인민공사의 '모범 작물'로 지정됐으며 마오쩌둥 자신도 매끼 고추를 챙

거 먹을 정도로 매운맛을 좋아했다고 한다. 생전에 그는 "매운맛을 좋아하는 사람은 혁명적이다."라는 말을 남기기도 했다.

중국 내에서 매운맛을 즐겨 먹는 대표적인 지역으로는 마오쩌둥의 고향인 후난과 덩샤오핑의 고향인 쓰촨이 있다. "쓰촨 사람은 매운맛을 무서워하지 않고, 후난 사람은 맵지 않은 것을 무서워한다."는 농담이 있을 정도이다. 다만 이 말은 중국 개방정책 이후 나온 것이어서 원래부터 이 두 지역에서 매운맛을 좋아했는지, 아니면 매운맛을 강조하기 위한 하나의 마케팅 전략으로 나온 것인지는 불분명하다.

사실 중국에서 매운맛 하면 쓰촨 요리가 가장 유명하다. 이 쓰촨 요리에 비해 존재감은 약하나 후난 요리 역시 적지 않은 마니아를 확보하고 있다. 엄밀히 따지면 중국 매운맛의 본산은 후난이라고 할 법하다. 실제로 후난 성에서 매년 생산되는 고추는 약 30만 톤에 이르며 외지에서 들어온 분량까지 합치면 1인당 연간 고추 소비량이 10킬로그램을 넘는다. 우리나라 1인당 소비량인 3.75킬로그램을 가뿐하게 넘어선 수치다.

외국 음식 중에서 한국인의 매운맛에 가장 가까운 음식도 후난 요리다. 쓰촨 요리가 '화자오(花椒)'라고 불리는 산초를 듬뿍 이용해 얼얼하면서 매운맛을 내는 반면, 후난 요리는 고추를 주로 쓰기 때문에 한국인의 입맛에 잘 맞는 편이다. 후난식 매운맛은 '쏸라(酸辣)'라고 해서 맵고 시고 짠맛이 함께 있다.

후난 사람들이 고추를 많이 먹는 이유는 연교차가 크고 습한 기후 때문이다. 매운맛의 종류도 여러 가지인데 커다란 붉은 고추를 단지에 넣고 밀봉한 쏸라(새콤하게 매운맛), 산초와 통마늘을 넣은 마라(麻辣, 얼얼하게 매운맛), 다진 고추에 소금을 넣어 발효시킨 셴라(咸辣, 짭짤하게 매운맛)

등으로 나뉜다.

마오쩌둥이 나고 자란 후난 지역은 여러 개의 호수를 끼고 있으며 농업이 발달한 곳이어서 식재료 또한 다양하다. 그중에서 사랑받는 메뉴로는 잉어과의 민물고기인 '용위'의 머리로 만든 샹강식 생선 요리가 있다. 중독성 있는 매운맛에 부드러운 식감의 생선살이 조화를 이룬 별미이다. 양꼬치에도 쓰이는 향신료 '즈란(쿠민)'을 듬뿍 얹은 돼지갈비 역시 인기 메뉴다. 값은 다소 비싸지만 부드러운 육질에 익숙한 향을 지니고 있다.

철판 냄비에 국물 없이 볶아 조리하는 '깐궈'란 요리도 있는데 다양한 재료로 취향에 따라 골라 먹는 재미가 있다. 그밖에도 후난식 달걀요리와 짭조름한 양념의 새우꼬치, 달큰한 연근요리 등도 후난 사람들이 사랑하는 요리들이다.

중국 대륙 전체로 보면 매운맛을 전통적으로 즐겼던 지역은 그리 많지 않다. 그러나 개방정책 이후 중국에서 매운맛을 즐기는 사람들은 점점 늘어나고 있다. 수도인 베이징만 해도 이전에는 매운 요리가 별로 없었으나 요즘은 백화점이나 식당가에 중국식 샤브샤브인 '휘궈'를 파는 곳이 적어도 하나는 있을 정도이다. 담백하고 달달한 양념을 주로 먹던 상하이나 남부 지역 사람들도 이제는 매운 휘궈를 즐긴다.

붉은 탕과 하얀 탕이 태극무늬를 이루는 휘궈는 양고기와 각종 채소, 얼린 두부, 당면 등을 넣어 먹는데 특히 고추와 산초로 매운맛을 낸 홍탕은 처음에는 낯설지만 자꾸 먹다 보면 중독되는 느낌이다. 실제로 중국에서 살다 온 한국인들이 가장 그리워하는 음식이 바로 양꼬치와 휘궈라고 한다.

훠궈. 태극무늬 냄비에 칼칼한 홍탕과 담백한 백탕이 끓고 있다. 오리지널 충칭 훠궈에는 백탕이 없었으나 남방 지역으로 전래되면서 매운 것을 먹지 못하는 이들을 위해 백탕이 생겨났다.

각기 다른 정책을 가지고 현대 중국을 이끌어온 지도자인 마오쩌둥과 덩샤오핑이 둘 다 매운 음식 마니아였다는 점은 의미심장하다. 매운맛은 엄밀히 말하면 맛이 아니며, 고추의 캡사이신 성분이 혀를 따끔하게 자극하는 통각이다. 통증이 지속되면 감각이 둔해지듯, 한번 매운맛에 중독되면 더 맵게 먹고 싶어진다. 그리고 지독한 매운맛은 입과 혀에서, 또 다음날 화장실에서 상당한 후유증(!)을 남긴다. 혁명이라는 매운맛으로 13억 중국인을 울고 웃게 한 마오쩌둥은 이런 면에서 영웅과 암군(暗君)의 면모를 모두 갖고 있는 인물이라 할 만하다.

25. 디바에게 바쳐진 환상의 디저트

_ 호주가 자랑하는 디바 넬리 멜바와 전설의 셰프 에스코피에의 인연

정작 자국 내에서는 크게 유명하지 않은데 특정 지역에서만 인기가 있는 월드스타들이 있다. 1990년대에 청소년기를 보낸 이들이라면 낯설지 않은 이름 '뉴 키즈 온 더 블록'이나 '웨스트라이프' 같은 가수들이 그 예이다.

반대로, 세계적으로 유명한데도 유독 한국에서는 진가를 잘 모르고 있는 스타들도 적지 않다. 대중음악계에서는 1950년대 컨트리 송으로 이름을 날린 자니 캐시가 그렇고, 클래식계에서는 호주가 낳은 세계적인 디바인 넬리 멜바(1861~1931)가 그렇다.

1861년 호주에서 스코틀랜드계 부모 사이에서 태어난 그녀의 본명은 헬렌 포터 미첼이다. 아버지는 베이스 가수, 어머니는 음악교사였기 때문에 어린 시절부터 멜바는 양친에게서 자연스럽게 음악을 익혔으며 6살의 나이로 리치먼드 국립극장에서 데뷔했다. 그러나 그녀가 성악가

로 정식 교육을 받기 시작한 것은 1882년 사탕수수 농장주인 찰스 암스트롱과 결혼하면서부터이다.

그러나 결혼생활은 순탄치 않았고, 무엇보다 멜바는 호주를 벗어나 더 넓은 세상에서 자신의 능력을 펼치고자 했다. 결국 결혼한 지 4년 만에 아버지를 따라 유럽으로 향한 그녀는 런던과 파리 등지에서 성악 공부를 계속했다. 처음에 유럽 음악계는 신대륙에서 건너온 젊은 여성 성악가에게 쉽게 길을 열어주지 않았다. 멜바의 데뷔 콘서트는 실패로 끝났으며, 오디션에서는 줄줄이 고배를 마셔야 했다. 전설적인 성악 교사로 불리던 독일의 마틸데 마르케시의 문하에 들어가면서 비로소 그녀는 정상에 오를 포석을 닦게 된다.

마르케시에게 사사하며 실력을 기르던 멜바는 1887년 천우신조의 기회를 얻어 주목받기 시작했다. 오페라 「리골레토」의 여주인공 질다 역을 맡은 가수가 갑작스러운 병으로 무대에 서지 못하게 되자 그녀 대신 공연을 한 것이다. 급하게 무대에 오른 만큼 사전 연습도, 리허설도 할 수 없었지만 멜바는 질다 역을 훌륭하게 소화했고 마치 '자고 일어나니 스타가 됐다'는 말처럼 하루아침에 주목받는 오페라 가수로 떠올랐다.

이때부터 그녀는 헬렌 포터 미첼이라는 평범한 이름을 버리고 조국 호주의 멜버른 시에서 태어난 디바라는 의미로 '멜바'라는 예명을 사용하게 된다. 만인의 연인이 된 멜바는 한 사람의 연인으로 남기 바랐던 남편과 헤어진 후 자유롭게 유럽을 활보하며 프로 성악가의 길을 걷기 시작했다. 그녀는 당시 전 세계 오페라의 중심지 격이었던 런던 코벤트 가든에서 스포트라이트를 받으며 오페라 「로엔그린」의 엘자, 「라 트라비아타」의 비올레타 등을 맡으며 승승장구한다.

1893년에 스웨덴 스톡홀름을
방문했을 때의 넬리 멜바.

　하지만 신은 역시 공평한 법인지, 멜바는 흠잡을 데 없는 음색에 프로
근성까지 겸비하긴 했지만 그만큼 오만함도 하늘을 찔렀다. 한 예로
「로미오와 줄리엣」 공연을 할 때 상대역을 맡은 남자 성악가 존 매코멧
이 자신의 연기 조언을 무시하자, 멜바는 공연 후 커튼콜을 할 때 옆에
다가온 매코멧에게 "이 극장에서는 어느 누구도 나와 나란히 서지 못합
니다."라고 독설을 날렸다. 관객 앞에서 망신을 당한 매코멧은 말 그대
로 '멘붕'이었을 것이다.

질투심도 만만치 않았다. 스승 마르케시의 딸이면서 동시대의 뛰어난 소프라노였던 블랑쉬가 음반을 취입하자 멜바는 음반 회사로 찾아가 녹음을 파기하고 그녀의 이름을 뺄 것을 종용했다. 뿐만 아니라 블랑쉬가 코벤트 가든에서 오페라 공연을 할 때 악단 지휘자에게 중간에 반주를 멈추도록 했다고 한다. 멜바는 이처럼 선배 소프라노 가수들의 자리를 차지했으며 후배 가수들을 견제했다.

　'갑질'에 관한 에피소드도 있다. 음반회사인 도이치 그라모폰에서는 1904년 초 멜바의 목소리를 담은 음반을 취입하고자 했다. 처음에 거절하던 멜바를 어렵게 설득하는 데에는 성공했으나 그녀는 스튜디오에 가지 않을 테니 직접 찾아오라고 요구했으며, 그 음반을 발매할지는 본인이 결정하겠다고 통보한다. 게다가 그녀는 레코드에 실린 자신의 목소리를 듣고는 마음에 안 든다며 폐기를 요구했고, 도이치 그라모폰 사는 두 달 동안이나 그녀를 쫓아다니며 비위를 맞춰야 했다. 결국 음반은 세상에 나오게 됐으나 멜바는 이 음반이 어떤 가수의 음반보다 비싸야 하며 본인이 직접 선택한 레이블 컬러를 다른 가수는 쓰지 못하게 하라는 등 끝까지 콧대를 낮추지 않았다.

　그런 그녀였지만 실력만큼은 누구도 토를 달 수 없었는지라 영국 빅토리아 여왕은 여성의 기사 작위인 데임(Dame) 칭호를 내렸다. 사실 멜바가 무대에서나 주변 사람들에게 까탈을 부렸던 것은 그만큼 가수로서의 자부심과 완벽주의가 강했기 때문이기도 하다. 넬리 멜바가 지금도 호주를 대표하는 디바로 칭송받는 이유는 하나 더 있다. 평생 동안조국인 호주를 사랑하는 마음이 각별했기 때문이다. 그녀는 유럽 대형극장의 공연은 거절하는 일이 있어도, 호주에서 열리는 공연은 아무리 작은 무대라도 달려갔다고 한다. 1925년 이후에 멜바는 후학을 양성하기 위해 영구 귀국, 멜버른 음악원 원장으로 후학을 양성하는 데 힘쓰기도 했다.

멜바가 1931년 사망한 후 미국의 음악평론가 W. 헨더슨은 "멜바의 목소리는 늘 영광으로 충만해 있었다. 그녀의 음색은 별처럼 빛나고 백열로 타올랐다. 그녀의 목소리는 신이 빚은 걸작품이었다."라고 극찬했다. 스코틀랜드 출신의 소프라노 메리 가든 역시 "멜바가 노래하는 피아니시모는 극장의 천장에서 잔잔하고 조용한 폭포수처럼 쏟아져내리는 듯했다. 나는 어떤 위대한 가수에게서도 그처럼 나를 완전히 매혹시키는 피아니시모를 들은 적이 없다."고 회고했다.

생전의 넬리 멜바라는 가수의 명성을 말해주는 일화로는 당시 프랑스 최고의 셰프로 불리던 오귀스트 에스코피에와의 인연을 들 수 있다. 멜바의 열렬한 팬이었던 에스코피에는 그녀가 런던 사보이 호텔에 머물고 있을 때 특별한 디저트를 준비한다. 얼음으로 백조를 조각하고, 그 위에 아이스크림과 복숭아를 얹은 뒤 솜사탕으로 덮어 안개 같은 분위기를 연출한 것이다.

얼음 백조라는 아이디어는 전날 멜바가 공연한 바그너의 오페라 「로엔그린」에서 힌트를 얻었다고 한다. 로엔그린은 백조의 기사라는 뜻이다. 그날 공연에서 멜바가 맡은 역할은 백조의 기사 로엔그린과 사랑을 나누는 공주 엘자 역이었다. 차가운 과일과 아이스크림을 조합한 이유는 그녀가 목을 보호해야 하는 성악가임을 배려한 것이다.

이 요리에 감탄한 멜바가 이름을 묻자 에스코피에는 "피치 멜바라고 불러주시면 영광일 것입니다."라고 대답했다. 프랑스가 자랑하는 최고

복숭아에 아이스크림과 라즈베리 소스를 곁
들인 피치 멜바.

의 요리사이며 '위대한(Great) 에스코피에'라고까지 불린 그가 멜바에
게 이렇게까지 극진한 대접을 했다는 것은 당시 유럽에서 멜바의 인기
가 어느 정도였는지를 짐작하게 해준다.

디저트나 제과에 좀 관심이 있는 사람이라면 한 번쯤 들어보았을 피
치 멜바는 오늘날 약간 변형된 레시피로 전해져 내려오고 있다. 시럽에
끓인 황도 2개를 식혔다가 씨를 빼낸 부분을 밑으로 해서 접시에 올린
다. 여기에 바닐라 아이스크림 한 숟가락에 멜바 소스로 불리는 라즈베
리 소스를 얹은 것이다. 생크림이나 아몬드 슬라이스를 장식으로 곁들
이기도 한다.

참고로 멜바 소스는 곱게 간 산딸기에 슈가 파우더와 레몬즙을 넣고
고운 체에 걸러 냉장고에 차게 식힌 것이다. 새콤달콤한 맛이 특히 여

성들의 입맛에 맞으며, 차갑거나 따뜻하게 해서 다양한 디저트에 응용할 수 있다.

수분이 많고 부드러우며 향긋한 복숭아는 오래전부터 동양과 서양 모두에서 즐겨 먹은 과일이다. 아시아권에서는 백도가 더 흔한 반면 서양에서는 황도를 더 많이 먹는다. 황도는 과육이 단단하기 때문에 통조림 등 가공식품에 쓰이며 백도는 생으로 먹는 경우가 많다. 중국이 원산지인 복숭아는 실크로드를 통해 서양으로 전해졌으며 17세기에는 아메리카 대륙으로 퍼져 나갔다.

복숭아는 흔히 여성을 상징하는 과일로도 잘 알려져 있다. 이성에게 인기가 많다는 의미의 '도화살'에서 도화는 복숭아꽃이다. 이른바 '사랑의 묘약'으로 여겨지기도 해서 공부하는 선비 집에서는 심지 않았다는 이야기도 있다. 영양학적으로 복숭아는 과당을 비롯한 당류와 비타민, 무기질이 풍부해 피로회복에 좋다. 혈압을 낮춰 고혈압과 심장병 같은 심혈관 질환을 예방하는 효과도 있다고 한다. 다만 당도가 꽤 높기 때문에 당뇨를 앓고 있는 환자라면 먹지 않을 것을 권한다.

에스코피에와 멜바의 인연은 피치 멜바 이야기에서 끝이 아니다. 멜바는 나이가 들면서 목소리에 원숙함을 갖추게 됐지만 한 가지 고민거리가 있었다. 몸무게가 점점 늘고 있는 것이었다. 오페라 가수로서 체중 조절을 해야 하는지라 에스코피에는 또 다시 아이디어를 짜낸다. 그가 멜바를 위해 준비한 다이어트식은 식빵을 얇게 썰어 갈색이 나도록 오븐에 바삭하게 구운 작은 토스트, 멜바 토스트였다.

탄수화물 섭취를 줄이기 위해 작게 만든 이 토스트에 멜바는 푸아그라나 채소 샐러드, 삶은 달걀과 섞은 캐비어 등을 얹어 카나페로 즐겼

멜바 토스트. 얇고 바삭하며 건조해서 그대로 먹기보다 크루통으로 수프에 띄우거나 카나페 재료로 쓴다.

다. 멜바 토스트는 오늘날까지도 많은 다이어터들에게 사랑받는 음식
으로, 외국 마트에 가면 아예 봉지로 포장해서 팔기도 한다. 만드는 방
법도 간단하다. 흰 식빵을 가로 3센티미터, 세로 5센티미터, 두께 2밀리
미터로 썰어 오븐에 갈색이 나도록 굽기만 하면 된다.

　군이 다이어트를 하는 사람이 아니더라도 얇고 바삭한 멜바 토스트
는 어떤 재료를 얹어도 빵이 눅눅해지지 않으며, 담백한 맛 때문에 핑거
푸드 재료로 인기가 높다. 스프에 크루통 대신 넣어 먹으면 바삭거리는
식감이 일품이다. 멜바 토스트는 활용도가 높다 보니 유명 레스토랑 셰
프들도 즐겨 사용하는 식재료 중 하나다.

　전 세계가 사랑한 디바 넬리 멜바의 초상이 호주 최고액권인 100달러

지폐에 등장하게 된 것은 1996년으로, 당시 호주 국민들은 이를 열렬히 환영했다고 한다. 역시 호주가 낳은 세계적인 소프라노 존 서덜랜드가 은퇴 공연에서 "멜바와 같은 나라에서 태어났다는 자긍심으로 노래했다."고 밝혔을 정도로 생전에도, 사후에도 멜바의 명성은 가히 전설처럼 남아 있다.

26. 맥주 한 캔을 놓고 하루키를 논하다
_ 경계를 넘나드는 모호함의 매력

아직 일본문화에 대한 사람들의 반감이 강했던 시절에 예외적으로 큰 인기를 모았던 일본 작가의 소설이 둘 있다. 미우라 아야코의 『빙점』과 무라카미 하루키의 『노르웨이의 숲』이 그것이다.

『빙점』의 경우에는 원죄와 용서라는 지극히 기독교적인 메시지가 한국인의 정서와 충돌하지 않았기에 히트작이 된 것으로 볼 수 있다. 그리고 『노르웨이의 숲』은 구소련 붕괴 후 한국 사회에 개인주의와 허무주의가 창궐하기 시작한 때와 소설 속의 시대적 배경이 미묘하게 맞아떨어졌기 때문에 공감을 자아낼 수 있었다.

일본학생운동 연합체인 전학공동투쟁회의(전공투)에 주인공들이 냉소적인 모습을 보이는 장면은, 1990년대 초반 이념 중심의 운동권과 거리를 두며 자신의 세계에 몰두하기 시작한 당시 우리나라 20대들의 정서와 닮았다. 젊음의 공허함을 말하는 듯한 '상실의 시대'라는 한국어

판의 초창기 제목도 이 책의 히트 요인으로 작용했다.

아이러니컬하게도 『노르웨이의 숲』에는 무라카미 하루키의 작품에 빈번하게 등장하는 오컬트적인 요소나 복잡한 세계관이 거의 나오지 않는다. 다시 말해 난해하기로 이름난 하루키 소설 중 가장 쉽게 읽히고 메시지가 분명하기 때문에 많은 사람들이 공감할 수 있었던 것. 그러고 보면 사실은 가장 하루키답지 않은 소설이 그를 가장 유명하게 만든 셈이다.

다만 『노르웨이의 숲』에는 그가 20대 초반 와세다 대학 재학 중이던 시절의 자전적 이야기들이 상당 부분 담겨 있다. 1949년 교토 출생인 하루키는 재수를 거쳐 1968년 와세다 대학 제1문학부에 입학한다. 당시 일본의 대학가에서는 전공투를 중심으로 일본을 미국의 안보 아래 두겠다는, 우리나라의 한미상호방위조약과 유사한 미일안보조약에 대한 반대운동이 격렬하게 일어나고 있었다. 그리고 그 투쟁 양상은 각목과 화염병이 날아다니던 1980년대 우리나라 학생운동보다도 과격했다고 한다. 하지만 하루키 자신은 이런 분위기에 휩쓸리지 않았던 듯하며 그 부분은 『노르웨이의 숲』에서 주인공 와타나베와 미도리가 전공투에 냉소적인 태도를 보이는 데서 드러난다.

대학에 7년이나 적을 두고 있었던 하루키는 재학 중 아내인 요코를 만나 학생 신분으로 결혼했다. 그가 수필 등에서 남긴 부인과의 에피소드를 보면 『노르웨이의 숲』의 고바야시 미도리는 아내를 모델로 한 것이 거의 확실해 보인다. 취업난으로 마땅한 직장을 얻지 못한데다 글만으로 먹고 살기에는 유명세가 부족했던 하루키는 결혼 직후 재즈 카페인 〈피터 캣〉을 운영한다. 그는 카페 경영뿐 아니라 직접 주방에 서서 샌드위치와 롤 캐비지 같은 가벼운 스낵 메뉴들을 만들기도 했다. 하루키 작품에 요리 이야기가 유독 많이 나오는 이유는 이때의 경험이 바탕이 된 것으로 추측된다.

1979년 6월 하루키는 『바람의 노래를 들어라』로 군조신인문학상을 수상하며 작가 활동을 시작했다. 뒤이어 집필한 『양을 둘러싼 모험』, 『세계의 끝과 하드보일드·원더랜드』, 『태엽 감는 새』 등이 문단에서 주목을 받으며 그의 작품들은 컬트적 인기를 끌게 된다. 하루키를 베스트셀러 작가로 만든 『노르웨이의 숲』은 그가 유럽에 체류하고 있던 1987년 발간됐다.

이후 그는 1996년 지하철 독가스 사린 사건을 소재로 한 논픽션 『언더그라운드』와 사이비 종교인 옴진리교에 대해 파헤친 『약속된 장소에서』 같은 사회파 작품을 쓰기도 했으며 『코끼리 공장의 해피엔드』, 『세라복을 입은 연필』, 『먼 북소리』 같은 수필집도 내놓았다.

어느덧 60대 중반을 넘어선 무라카미 하루키는 국내에서 가장 많은 팬을 거느린 일본 소설가 중 하나이지만, 그의 명성에는 거품이 과도하게 끼어 있다는 지적도 많다. 노벨문학상 후보로 매년 거론되는 것에 대해서도 "하루키 작품이 그 정도로 대단하지는 않다."고 말하는 이들이 많으며 장편소설 『1Q84』가 우리나라에 출간될 당시에는 지나치게 높은 인세 때문에 논란이 되기도 했다.

더 나아가, 하루키의 작품들이 일본 제국주의를 옹호하고 있다는 견해도 제기된 바 있다. 지난 2003년 국내에 출간된 『해변의 카프카』에 대해 도쿄대학의 고모리 요이치 교수는 "국가가 수행했던 침략전쟁 하의 조직적 '강간'의 기억을 잠시 상기하고, 다음 순간 어쩔 수 없는 일이라고 기억에서 지워버리는 『해변의 카프카』의 텍스트는 종군위안부 문제를 없었던 것으로 하고 싶어 하는 사람들에게 '치유'를 가져다주는 기능을 하는 것"이라고 주장했다.

그밖에 작품의 주제의식이 지나치게 가볍다는 것, 여성에 대해 편향된 시각을 가졌다는 비판 등도 하루키에게는 꼬리표처럼 따라다닌다. 오에 겐자부로는 무라카미 하루키의 아쿠타가와상 심사를 할 때 "외국 소설을 일본어로 옮긴 듯한 문체"라며 일침을 날렸다. 다른 비평가들도 그가 독자와 소통하기보다는 자기 세계에 갇힌 자폐증적 성향을 갖고 있다는 면을 지적한다.

또 여성 독자의 입장에서 하루키의 작품들에는 읽기가 다소 불편한 대목이 종종 발견된다. 가령 『1Q84』의 남주인공 덴고는 가볍게 스쳐가는 관계와 섹스를 즐길 뿐 책임감이라는 것을 숨막히는 것으로 여기고 있다. 『노르웨이의 숲』의 와타나베는 '처녀'였던 나오코에게 숭배에 가까운 사랑을 바치지만 한편으로 기숙사 선배와 밤거리를 떠돌며 원 나이트를 즐긴다. 이들은 여성을 신성시하는 동시에 성욕을 푸는 도구로 보는 이중 잣대를 가지고 있는 셈이다.

사견이지만, 한 인간이자 작가로서의 하루키의 진면목을 보려면 소설보다 수필이 적당하다고 생각한다. 작가가 아닌 생활인으로서의 그는 소설에 등장하는 남성 캐릭터들과는 상당한 차이를 보인다. 이 여자 저 여자와 가벼운 관계를 즐기는 난봉꾼이었을 것 같지만 예상 외로 그는 22살의 젊은 나이에 일찌감치 동갑내기 아내와 결혼해 지금까지 잘 살고 있다. 심지어 젊은 시절 아내가 직장에 다닐 때는 집에서 전업주부로 살림도 했다. 존 레논이 주부로 유명해지기 전의 일이다.

무라카미 하루키의 작품들을 읽어보면 가히 '먹방 소설'이라고 해도 좋을 정도로 다양한 요리들이 등장한다. 『노르웨이의 숲』에서 미도리는 와타나베를 위해 계란말이와 순채 장국, 버섯밥, 삼치 절임 등 푸짐한 반찬이 있는 훌륭한 간사이식 정식을 차려준다. 『양을 둘러싼 모험』의 주인공은 아무도 없는 별장에서 무료함을 달래기 위해 로스트비프와 연어 마리네를 만든다. 『1Q84』의 아오마메와 마유미는 피트니스 센터 고객인 고급 레스토랑 셰프의 배려로 값비싼 프렌치 풀코스 요리를 즐기기도 한다.

　　하루키는 또한 파스타에 대한 특별한 애정을 가지고 있어 학창 시절 떡과 살라미, 달걀 등을 마구잡이로 섞어 만든 스파게티부터 오징어 먹물로 만든 링귀네까지 수십 종류의 파스타를 작품 속에서 묘사한다. 그밖에 샌드위치와 로스트비프, 오믈렛, 비엔나 슈니첼, 롤 캐비지 등 양식 메뉴가 자주 등장하지만 실제로 그의 입맛은 담백한 일식을 더 선호한다. 하루키 부부는 평상시 밥 대신 두부를 먹으며, 고기는 쇠고기 이외에는 입에 대지 않는다고 한다. 기름기 많은 중식도 못 먹는다는 그는 스스로를 "미학적 편식가"라고 부른다.

　　그중에서도 무라카미 하루키를 대표한다고 할 수 있는 음식(?)은 맥주다. 데뷔작인 『바람의 노래를 들어라』에서 주인공인 나와 쥐는 25미터 풀에 가득 찰 만큼의 맥주를 마셨다는 묘사가 나온다. 이후 그의 작품에는 기린 흑맥주, 하이네켄, 미켈롭, 버드와이저, 기린의 블루 라벨, 산토리 등 다양한 맥주가 등장한다. 하루키의 맥주 사랑은 워낙 유명해 광고회사 직원이 맥주 광고 의뢰를 위해 베네치아까지 달려갔을 정도라고.

인상파 화가 에두아르 마네가 그린 「맛있는 맥주」(1873).

고대 바빌로니아, 이집트에서도 마셨다고 하는 맥주는 독일을 비롯한 유럽 북부에서 본격적으로 발전했다. 게르만족에게 맥주가 전래된 것은 13세기 무렵으로 추정되며 16세기 초 독일의 바이에른공 빌헬름 4세는 맥주순수령을 내려 품질을 표준화했다. 각양각색으로 만들어지던 맥주의 제조법을 규격화해 물과 보리, 홉을 제외한 다른 원료를 첨가

고대 이집트에서는 빨대로 건더기를 걸러가며 맥주를 마셨다.

하는 것을 금지한 것이다. 우리에게 가장 친숙한, 맑은 빛깔의 라거 맥주가 전파되기 시작한 것은 바로 이 무렵이며, 순수령 이후에도 다양한 종류의 맥주가 발전해왔다.

수질이 좋지 않은 유럽에서 맥주를 마시는 것은 선택이 아닌 필수에 가깝다. 특히 위생 상태가 매우 불량했던 중세시대에는 더더욱 그러했을 것이다. 당시에는 아이들도 맥주를 마셨다고 하며, 맥주 종주국이라 할 수 있는 독일에서는 지금도 맥주와 소시지로 아침식사를 대신하는 사람들이 많다. 다만 고급스러운 이미지를 가진 와인과 달리 맥주는 서민의 술에 가까웠다. 맥주가 주로 소비된 지역은 북유럽이지만 남유럽에서도 가난한 사람들은 와인 대신 맥주를 마셨다. 그리고 보니 그림 형제의 동화 「황금거위」에서도 한 어머니가 나무하러 가는 첫째 아들과

맥주를 마시고 있는 중세시대의
수도사.

둘째 아들에게는 케이크와 포도주를, 천덕꾸러기 막내아들에게는 빵과
'시큼털털한 맥주'를 점심으로 싸주었다는 이야기가 있다. 그리고 형
들과 달리 음식을 흔쾌히 나눠준 막내를 위해 숲속 요정은 빵과 맥주를
케이크와 포도주로 바꿔준다.

음료로서 맥주의 미덕이라면 세계의 다양한 요리들과 궁합이 잘 맞
는다는 점을 들 수 있다. 소주나 양주처럼 독하지 않고, 와인처럼 너무
섬세하지도 않은 맥주는 안주와 충돌을 일으키는 일이 상대적으로 적
다. 한국에서는 치킨이, 일본에서는 삶은 풋콩이, 중국에서는 숯불에 구
워진 양꼬치가 각 나라의 맥주와 환상의 마리아주를 이룬다. 영국의 피
시 앤 칩스, 이탈리아의 칼라마리(오징어 튀김), 스페인의 타파스 등 맥주
와 잘 어울리는 요리들은 손으로 꼽기가 힘들 정도로 다양하다.

작가로서 무라카미 하루키의 매력도 맥주의 친밀성과 일맥상통하는 부분이 있다. 일본 작가이지만 이국적인 느낌이 강하고, 작품 속 주제가 딱히 '이것이다' 라고 분명히 드러나지는 않지만 독자 나름대로 해석할 여지를 남긴다는 점에서 그렇다. 무라카미 하루키의 작품들이 주는 매력은 음료이면서 사람을 취하게 하는 맥주와 같이 판타지와 리얼리즘의 경계를 아슬아슬하게 넘나드는 모호함에 있는 듯하다.

참고문헌

가리야 데쓰 글·하나사키 아키라 그림,『맛의 달인』32, 대원씨아이, 1999.

가쓰미 요이치,『혁명의 맛』, 임정은 옮김, 교양인, 2015.

게르하르트 프라우제,『천재들의 학창시절』, 엄양선 옮김, 황소자리, 2012.

고모리 요이치,『2006년〈해변의 카프카〉를 정독한다- 무라카미 하루키론』, 김춘미 옮김,
　　고려대학교 출판부, 2006.

그림 형제,『황금거위』, 우미경 옮김, 시공주니어, 1997.

기타오지 로산진,『로산진의 요리왕국』, 안은미 옮김, 정은문고, 2015.

김복래,『프랑스 식도락과 문화정체성』, 북코리아, 2013.

김수미,『제인 오스틴(Jane Austen) 작품 속에 표현된 차 문화 연구 : 제인 오스틴 소설과 영
　　화를 중심으로』, 학위논문(석사), 원광대학교, 2008.

루쉰,『아Q정전』, 안영신 옮김, 청목, 2001.

메리 앤 코즈,『모던 아트 쿡북』, 황근하 옮김, 디자인하우스, 2015.

모리모토 마유미,『에피소드로 엮은 클래식 음악 100』, 김재원 옮김, 반디출판사, 2008.

박영봉,『로산진, 요리의 길을 묻다』, 진명출판사, 2010.

박완서,『미망』1~3, 문학사상사, 1990.

박완서, 최일남, 신경숙 외,『잊을 수 없는 밥 한 그릇』, 한길사, 2015.

부엌에서 무라카미 하루키를 읽는 모임,『내 부엌으로 하루키가 걸어 들어왔다』, 김난주 옮
　　김, 작가정신, 2003.

아베 야로,『심야식당 '한밤중에 위험한 레시피'』, 강동욱 옮김, 대원씨아이, 2012.

오노레 드 발자크,『루이 랑베르』, 송기정 옮김, 문학동네, 2010.

요모타 이누히코,『라블레의 아이들』, 양경미 옮김, 빨간머리, 2009.

원영덕,『칵테일』, 대원사, 1989.

윌리엄 J. 듀이커,『호치민 평전』, 정영목 옮김, 푸른숲, 2003.

전혜린,『그리고 아무 말도 하지 않았다』, 민서출판사, 2004.

제인 오스틴,『오만과 편견』, 박진석 옮김, 을유문화사, 1988.

지만지,『고전해설』, 지식을 만드는 지식, 2009.

찰스 디킨스,『크리스마스 캐럴』, 김세미 옮김, 문예출판사, 2010.

페르낭드 올리비에,『첫사랑 피카소』, 강서일 옮김, 청년정신, 2003.

편집부 엮음, 『고향 음식의 맛과 멋』, 한국문화재보호협회, 1990.

프랜시스 케이스, 『죽기 전에 꼭 먹어야 할 세계 음식 재료 1001』, 박누리 옮김, 마로니에북스, 2009.

피에르 프티피르, 『랭보, 지옥으로부터의 자유』, 장정애 옮김, 홍익출판사, 2001.

피터 해리 브라운 · 팻 H. 브로스키, 『엘비스, 끝나지 않은 전설』, 성기완 · 최윤석 옮김, 이마고, 2006.

현진건, 『B사감과 러브레터 / 빈처』, 삼중당, 1991.

Ann Blainey, *Marvelous Melba: The Extraordinary Life of a Great Diva*, Ivan R. Dee, 2009.

Arianna Stassinopoulos Huffington, *Picasso: Creator and Destroyer*, Simon &Schuster, 1988.

Arthur Rimbaud, *Rimbaud: Complete Works, Selected Letters*, a Bilingual Edition, University of Chicago Press, 2005.

Charlie Chaplin, *My Autobiography(Neversink)*, Melville House, 2012.

Christine Imgra, *The World Encyclopedia of Cooking ingredients*, Lorentz books, 2004.

Claire Tomalin, *Charles Dickens*, The Penguin Press, 2011.

Claire Tomalin, *Jane Austen: A life*, Vintage, 1999.

Colman Andrews, *Catalan Cuisine: Europe's Last Great Culinary Secret*, Harvard Common Press, 1999.

Ernest Hemigway, *A Moveable Feast: The Restored Edition*, Scribner, 2010.

Francoise Gilot, *Life with Picasso*, Anchor, 1989.

George Davidson, *The Drawings Of Gustave Dore*, Arcturus, 2008.

Graham Robb, *Balzac: a Biography*, W. W. Norton & Company, 1996.

Graham Robb, *Rimbaud*, W. W. Norton&Company, Inc., 2001.

Helga Prignitz-Poda, *Frida Kahlo and Diego Rivera: Mexican Modern Art*, Skira Rizzoli, 2015.

Herbert Weinstock, *Rossini: A Biography*, Alfred A. Knopf, 1975.

Isadora Duncan, *My Life*, Liveright, 2013.

Joyce Miltom, *The Life of Charlie Chaplin*, HarperCollins Publishers, 1998.

Kathryn Morse & William Cronon, *The Nature of Gold: An Environmental History of the Klondike Gold Rush*, University of Washington Press, 2010.

Kenneth James, *Escoffier: The King of Chefs*, Bloomsbury Academic, 2003.

Leonie Frieda, *Catherine de Medici: Renaissance Queen of France*, Harper Perennial, 2006.

Maguelonne Toussant Samat, *A History of food*, Willy Blackwel, 1994.

Marc Leboucher, *Bach*, Folio, 2013.

Marie-Pierre Colle and Guadalupe Rivera, *Frida's Fiestas: Recipes and Reminiscences of Life with Frida Kahlo*, Clarkson Potter, 1994.

Mark Smith, *Le Cordon Blue, Regional French*, Murdoch books, 1998.

Melissa Hellstern, *How to be Lovely: The Audrey Hepburn Way of Life*, Dutton, 2004.

Peter Guralnick, *Last Train to Memphis: The Rise of Elvis Presley*, Back, Bay Books, 1995.

Peter Kurth, *Isadora: A Sensational Life*, Little, Broun, 2001.

P. L. Travers, *Mary Poppins: 80th Anniversary Collection*, Houghton Mifflin Harcourt, 2014.

Sean Hebburn, Ferrer, *Audrey Hepburn, An Elegant Spirit*, Atria Books, 2005.

Sophia Loren, *Sophia Loren's Recipes and Memories*, 1Gt Pub Corp, 1998.

Sophia Loren, *Yesterday, Today, Tomorrow: My Life*, Artria Books, 2014.

Stuart B McIver, *Hemingway's Key West*, Pineapple Press, 2002.

식탐일기

지은이 _ 정세진
펴낸이 _ 강인수
펴낸곳 _ 도서출판 **파피에**

초판 1쇄 발행 _ 2017년 2월 27일

등록 _ 2001년 6월 25일 (제2012-000021호)
주소 _ 서울시 마포구 서교동 487 (209호)
전화 _ 02-733-8668
팩스 _ 02-732-8260
이메일 _ papier-pub@hanmail.net

ISBN 978-89-85901-81-9 (03900)

· 잘못 만들어진 책은 바꾸어 드립니다.
· 값은 뒤표지에 있습니다.